TTS新書

トランプ後の世界

白岩禮三

東京図書出版

はしがき

今から僅か20年後には世界は驚くほどに様変わりすると考えています。即ち、

(1) 第4次産業革命が本格化し世界情勢は一変する
(2) 社会の半数を占めている人たちの職場が消え去る
(3) 資本主義が行き詰まり大変革を余儀なくされる
(4) 自動運転車の普及で産業から生活までもが変わる
(5) 急速な医学の進歩によって今までの常識が覆る
(6) 今までの状況のままでは日本経済は行き詰まる

現在は間違いなく『大変革期』に当たっており、これから世の中は一般の人々の想像を超えて大変化していきます。そうなれば今まで通りの生活は続けられなくなり、致し方なく変革を迫られるようになることでしょう。

20年後の社会についての見方、考え方は、人それぞれによって異なります。

本書の中では著者なりの見方、考え方をはっきりと述べておりますが、その考え方を皆様におしつけるつもりはありません。そうではなくして皆様に対して将来予測に必要な材料を提供し、独自にご判断出来るように配慮しています。皆様にはこの機会に近未来についてじっくりと考えて頂き、ご自分なりの考えを導き出して頂きたいと思います。

今回取り上げている「第4次産業革命」や「自動運転車」や、その他のテーマはなかなか難解です。そのため、本書の中身を『要約編』と『分析編』の二つに分けました。一連のストーリーの中でいきなり詳しい内容にまで立ち入ってしまうと混乱しますので、まずは『要約編』を最初に掲げた上で、「全体を貫く一連の流れ」を理解して頂くことにしました。その上でそれに続く『分析編』の中で「個別案件の具体的な内容分析」を行うことにしました。

そしてまずは、**本書をチェックする際に是非とも最初に巻末の「追記」**（２４０頁以下）**を見てください**。それから『要約編』を通して筆者の意とする趣旨を理解して頂き、納得しにくい諸々の問題については、『分析編』で解明して頂きたいと思います。その上で必要に応じて『要約編』に立ち戻って頂ければ、全体の流れを十分に理解して頂けることになるのではないかと考えている次第です。

選挙後のアメリカの変貌

トランプでは「世紀の課題」は解決しない

２０１６年11月８日、世界の目は米大統領選挙の行方に釘付けになった。しかし、筆者はなんの興味も持たなかった。なぜなら２人のどちらが勝ったにしても、アメリカをはじめ全世界が抱えている『所得格差問題』が解決する見込みなど全くないことが確実だったからである。彼らは２人ともに特権階級に所属しており、莫大な資産の上に胡坐《あぐら》をかいている。その当然の帰結として彼らは特権階級の代弁者でもあり、そのために富が偏在しつつある現状を改める気はさらさらない。

目下世界中の富の大部分は僅か数パーセントの人たちの手に握られており、残りの一般大衆がその他の富を分けているというのが現状である。そのため、極貧層では１日１ドルでの生活が当たり前であり、それ以下の人たちの中には餓死者まで出ている。

こうした問題はなにも極貧国だけではない。肝心要のアメリカでさえ、所得格差の拡大は重大な国内問題となっている。グローバル化の進展に伴い、アメリカでは階層分化が一段と激しさを増し、21世紀に入ってから中産階級の人たちは2000万人近くも、下層階級へと転落しつつある。中産階級の中での典型的な事例は製造業への従事者であるが、米製造業が他国の製造業の攻勢を受けて次々に閉鎖へと追い込まれた。その結果、多くの従業員が解雇されサービス業へと転落させられることになった。日本とは違い、アメリカでは製造業とサービス業とでは給与がほぼ二対一となる。これはサービス業に英語すら話せない人や、ビザを持たない不法入国者たちが就労しているからである。

このような事態は多かれ少なかれあらゆる国々でも見られる現象であるが、これは資本がより多くの利潤を求めて労賃の安い海外に製造を委託しだしたからである。

この結果、先進諸国では需要が大幅に不足することとなり、その結果経済成長率が低下するとともにデフレが蔓延するようになった。あらゆる投資はインフレ時代には活発になるが、デフレになると投資意欲が減退してしまう。この結果、先進諸国では軒並み経済が停滞してしまうこととなった。

1991年にソ連邦が崩壊した後、資本主義は貪欲さを一段と激しくし、徹底した利潤の追求に走るようになったが、こうした動きが市場を狭隘化させ、経済活動を鈍化させるまでになってしまったのである。このため巷には「資本主義の限界」が叫ばれるようになったが、この問題を打開するためにはなんとしてでも、あくなき利潤追求を行う資本の動きにブレーキをかけなければならない。そうしながら働く階層が次々に貧困化していく動きを止めなければならないのである。

ところがトランプにしてもクリントンにしても、この最も重要なテーマに対する取り組みの姿勢は露ほども感じられず、それ以外の事項にばかりにこだわっている。

次の世代の舵取りをしなければならないアメリカの新大統領が現在の世界経済が抱えている抜本的な問題に取り組まないということになれば、世界的なこの問題の解決などほど遠いこととなる。否それどころか、アメリカの抱える問題、特に貧困化問題を解決するために、自由貿易を取りやめたり、輸入関税を上げたりしたら、結局他の国々もまた同じようなことをやらざるを得なくなる。この結果、間違いなく世界貿易の伸びはより一層鈍化すると共に、各国それぞれ却ってマイナス面が強く現れるようになる。またこれと同時に、ドイツとアメリカは第4次産業革命によって製造業に従事している単純労働者を排除しようとしている。

つまり、この革命が成就するようになる20年後には、目下新興諸国に出していた製造依頼を先進諸国が自国へと引き戻す動きが活発となる。そうなると今度は新興諸国経済に大きな打撃を与えることになるため、世界経済が委縮してしまうことになるであろう。こうした大きな問題を抱えながら、そこには全く目を向けずに枝葉末節な事柄ばかりにこだわり続けるトランプの登場は、世界経済にとって間違いなく大きなブレーキとなることであろう。

彼は中低所得者層に対する減税を約束しているが、その一方で超富裕層に対しても同じように減税する。その結果、ただでさえ苦しい財政はますます苦しさを増すことであろう。そうした問題をかわすために、オバマケアーと称する医療保険制度は骨抜きにしてしまう。そんなことにあてる財源などないからである。

我々はこうした基本的な問題を焦点に据えた上でこれからの動きを見ていかねばならない。

全世界を揺るがし始めた『反グローバリズム』

トランプが当選した背景には「グローバリズムに伴う社会の劇的な変化」がある。

グローバリズムが浸透するにつれてアメリカでは、中産階級の多くが脱落すると同時に、底辺層までもが貧しさの度合いを更に一層深めていくこととなった。

１９８０年前後まで製鉄業が隆々と栄えていたオハイオ、ペンシルベニア、ミシガンの３州では、他の産業群も盛業を極めていたが、グローバリズムの嵐と共に輸入品が殺到してくるようになり、多くの工場群が次々と閉鎖へと追い込まれてしまった。

日本とはまるで違い膨大な国土が広がっているアメリカでは、廃業した工場跡地など見向きもされずに放置されたままとなっている。その結果、破産した工場群の跡地は「ラストベルト」つまり「錆びついた工場跡地」と通称されるようになった。

そんな惨状を日々目にせざるを得ない住民たちの遣る瀬ない気持ちは収まりようがない。

そこに目をつけたトランプはこれらの地域を重点的に回り、現状打破を訴え続けた。

白人の労働者層の88％が彼に投票しているが、クリントンへの投票率は僅かに８％であった。つまり、トランプへの投票は多くの人たちの不満のはけ口となったのだ。

今もオハイオ州のトランブル郡に住んでいるジョセフ・ローデン氏（62歳）は高校を卒業した後38年間も製鉄所一筋に働き続け、十分満足するだけの収入を得ていた。

汗まみれになりながら造っていた鋼材は、made in USA の車やその他の製品となり、国内外で飛ぶように売れていた。彼は仕事に誇りを持ち家族たちにも自慢していた。

しかし工場群が廃墟と化してしまうと、3人の息子たちは父親の後を継げなくなり、致し方なく故郷を後にしながら、仕事を求めて各地を転々とさまよい続けている。

この結果、70年代に住んでいた住民は、今では5万人も減って20万人となった。

しかし、それよりももっと深刻なのは、地域住民の総所得の減り度合いである。

そんな目にあわされている住民たちの耳には、トランプ候補が大声で叫び続けている威勢の良い声が快く響きわたっていた。

「強いアメリカをなんとしてでも、もう一度取り戻してやる！」

「アメリカに不利な貿易協定は、即刻廃止すべきだ！」

「住民に不幸をもたらすような不当移民たちは追い出してしまえ！」

もともとこの地方では、ブルーカラーの殆どが民主党びいきだったが、トランプが登場するに及んで、続々と共和党へと鞍替えし、1万4400人だった共和党員は予備選挙が終わる頃になると、なんと3万2000人にまで膨れ上がっていた。

反グローバリズムの嵐はヨーロッパでも変わらない

目をヨーロッパに転ずると、そこでも反グローバリズム運動が極めて盛んなことがよく分かる。２００1年7月、北イタリアの港町ジェノバで開かれたＧ８サミットに対して20万人もが「反グローバル化」のために立ち上がったのが抗議運動の始まりである。

その後15年もの歳月が流れたが、反グローバリズム運動は益々燃え広がり、今では大西洋の両岸で吹き荒れている。その影響を受けてイギリスはＥＵから離脱した。

ところでイタリア繁栄の歴史を遡ると、ごく自然に「フィアット」に辿りつく。

同社は１９６０年代から70年代にかけて繁栄のピークに達し、多くの労働者たちで賑わっており、中心都市である「トリノ」は働く男たちの誇りであった。ところが工場が次々に閉鎖され、労働者は7万人から７０００人へと1割にまで減少した。

この同じ波はあらゆる産業をも巻き込んでしまった結果、中産階級の多くがゴッソリと抜け落ち、イタリア全土での購買力はガタ落ちとなってしまった。その結果デフレが止めどもなく進行し、zero成長が新しい時代の趨勢として定着するようになった。

こうした傾向はグローバリズムそのものがもたらした影響なのである。

先進諸国のどこででも採択された金融緩和の波

このような時代の流れを何としてでも食い止めようとした先進諸国は、次々に大規模な金融緩和に踏み切り通貨を過剰に発行し続けた。しかし、もともと働く人たちを大量に解雇しながら、現役マンたちの賃金を切り下げ続けた結果、全体としての需要が大幅に減ってしまった。そのような状況の中で、借りてくれる当てさえない通貨をタダ無闇やたらに発行してみても、有効需要など湧き上がるはずもない。その結果、どの先進諸国も不況から脱出できる目途すら立てられずにさ迷っている。

その典型的な国が日本である。安倍首相が登場し黒田氏を日銀総裁にすえてから3年以上、莫大なマネタリーベースの発行に踏み切ったものの、そんなことをしても物価が上がるはずはない。つまり、彼らの掛け声は「単なる空念仏」だったのである。

的外れな政策によって膨大な国債が積み上げられ財政を圧迫しているが、もしも国債が暴落するようなことになれば、内閣は倒れてしまうだろう。つまり、「アベノミクス」も「クロノミクス」もすべて「落ち目の経済の谷底に咲いた仇花」でしかなかったのである。

経済を成長させる能力のない内閣がとる手段は決まっている。

出来る限り多くの原発を動かすばかりでなく、寿命が来た原発さえも再稼働させて原油の輸入を減らし、経済活動を活発化させようというのである。しかし、全世界でのマグニチュード7以上の大規模地震の約1割が集中している、と言われているこの日本列島で原発を続々と再稼働させたら、この国自体が自滅への道をひた走らざるを得なくなる。

その上に、アメリカの機嫌を取るために、憲法を改悪して自衛隊を軍隊に格上げし、世界中どこででも米軍と協力させようとしているのが、安倍政治の実態である。

現在の日本国憲法は世界に誇れる内容へと高められており、国際紛争を武力で解決する道を閉ざして70年間以上も平和を守り抜き、その上で基本的人権の護持を旗印に掲げている。この憲法こそは、理想を追い求めていた当時のアメリカ人たちによって起草されたものであり、米国憲法をすら遥かに上回っているほど格調が高いと評価されている。

それにもかかわらず「アメリカから押し付けられた」と曲解した上で「今こそ自主憲法に作り変えるべきだ」という主張で多くの国民を騙そうとしている。現行憲法に関してはごく一部の箇所についてのみ改めたほうが良いだろう。改憲はその範囲内に留めるべきであって、改憲の名の下に改悪されるようなことがあってはならない。

世界の全域で猛威を振るうグローバリズム

戦後のグローバリズムは3段階に分けられる。

つまり、第1段階は「貿易の自由化」へと踏み切った第1次グローバリズムである。第2段階は1970年代からスタートし、1980年代から本格化した第2次グローバリズムであり、その本質は「資本の自由化」であった。即ち、従来自国内に留まり続けがちだった資本が、有望な投資先を求めて世界各地へと拡散していくこととなった。

第3段階は2010年代以降の「労働力移動の完全自由化」である。

こうした傾向とともに先進諸国におけるサラリーマンの待遇は年々低下してきたが、特に製造業における労働力への風当たりは凄まじさを増した。賃金をカットされたり、職を失う人たちが激増するにつれて、社会的な反発は最早抑えようがなくなり、暴動が頻発しそうな雰囲気が各地で醸成されつつあった。2016年までにはそうした動きが世界中で頂点に達するまでになっていた。だからこそ、イギリスはEUから脱退してしまったが、トランプが勝利を収められたのも反グローバリズムの旋風が吹き荒れていてくれたお陰であった。彼はたまたまそんなタイミングにうまく乗っかったために当選出来たのである。「政治不信」という気持ちが多くの人たちの心の奥底に溜まっていたからこそ、政治経験豊かなクリントンではなく、そんな経験が全くないトランプの方を推そうという気持ちにさせられたのは、ごく自然の流れなのであった。

本書の中で筆者は幾度となく次のように述べている。即ち、

「後になって振り返って見ると、２０１６年こそが時代が大変革する変わり目の結節点であったことに気づかされるであろう」

と。

イギリスのＥＵ脱退も、トランプが大統領に選出されたのも、新しい時代の幕開けを告げる二大イベントであった。この二つの選挙をキッカケにしながら、今後続々と驚くべき動きが世界各地で湧き上がることであろう。

グローバリズム発祥の地はアメリカである

ところでこれから先「グローバリズム」はどこまで進んでいくのであろうか？

グローバリズムが誕生したのは、アメリカ製造業が中国や台湾の企業を起用したことに始まる。つまり、１９８０年にＧＥの会長へと昇格したJ. Welch氏が、自社の存続と発展のために思い切って新興諸国に製造を委託したことがそもそもの始まりである。

彼は自社工場を次の３種類に分類した。即ち、(A)今後とも活用できる工場群、(B)廃棄すべき工場群、(C)新興諸国に任せるべき工場群である。

こう分類した上で彼は(B)を廃棄し、(C)は新興諸国へ移管した。折からアメリカではＩＴが急速に発展しつつあり、遠く離れていても(A)と(C)とを巧みに連結させることによって、追い上げつつあるドイツや日本の製造業に対抗し得ると判断し、実行に移した。この結果、新興諸国における製造業が新たな時代を迎えることになったのである。

新興諸国では多くの労働者が雇われることとなり、彼らの生活水準は急速に高まっていったが、その反面先進諸国では工場閉鎖が相次いで失業者が増大し、新興諸国と比較されて賃金が引き下げられ、中産階級から下層階級へと転落する人たちが増えた。

第4次産業革命の進展で事態は驚くべき進化を遂げる

こうした傾向を逆転させようとして立ち上がったのがドイツとアメリカである。

彼らは製造業に新たな革命を起こすことを通じて、新興諸国に浸食された業務を再び自国に取り戻そうとしている。これこそが「第4次産業革命」なのである。

第4次産業革命が無事成功すれば、製造業に従事している単純労働者の殆どがＡＩを搭載したRobotに置き換えられる。つまり、あらゆる部品や部材、半製品、製品等々に軒並みIC tagが取り付けられ、これらが互いに情報を交換しながら欠品を自動的に補ったり、製造工程上の不都合を察知して修復したりする。この結果、ほぼ半数の人員が要らなくなってしまう。今までは労賃の圧倒的な格差のためにやむを得ず新興諸国に依頼していた業務が、第4次産業革命が成功したら、再び先進諸国へと復帰することとなるのである。そうなると今度は新興諸国における総労賃が減少することとなり、経済を下向かせるが、先進諸国の経済が立ち直るかというとそうはならない。

なぜならＡＩやRobot向けには初期投資こそ必要だが、雇用人数が増えないために、社会における総労賃は増えない。つまり、コストの低下に伴い資本の収益性は高まるのだが、社会全体としての需要が増すわけではないのである。

つまり、人間が関与する割合が減るにつれて生産性はあがるのだが、それに伴う成果はすべて資本側が吸収してしまうのだ。こう考えると、人智が進み製造工程が革命的に進化することになっても、それが一般庶民の幸せには通じることはないのだということがよく分かる。

アメリカ人は無意味な選択をさせられている

現在世界中で問題になっているグローバリズムの根本的欠陥は『数パーセントの金持ちが国内の富の半分以上を収奪してしまっている』点にある。つまり、この不均衡を抜本的に改善しない限り、中低貧困層の苦しみが消えることはない。しかし今回の二候補はいずれも富裕層中の富裕層であって、資本家階級の立場を擁護する役割に徹しており、社会の仕組みを抜本的に変革する意志も意図も全く持ってはいない。従って、所得再配分という基本的な問題は棚上げにされたままとなり、その他の枝葉末節な事柄に政策の主体が向けられることになるというのが実態である。

つまり、2人の大統領候補のいずれが当選しようと、アメリカの中低貧困層の経済状況ならびに雇用条件が抜本的に改善される見込みは殆どないということになる。

民主党についてはクリントンとサンダースが争った。もしも後者が候補になっておれば、上記の問題にまでメスを振るうことになったに違いない。しかし、彼は有り余る選挙資金に守られていたクリントンに負けてしまい、そのチャンスを失った。

その結果、サンダースに投票した人たちの多くがトランプに投票することになったのは当然の流れであった。その結果も手伝ってトランプは地滑り的に当選することが出来たのである。不思議なことに、新聞もTVもこうした根本的な問題を一切取り上げてはいない。トランプは『一国における富の集中』という根本的な問題の解決策など見向きもせずに、「移民の流入を防ぐ」、「貿易自由化を逆戻りさせる」、「同盟国の負担を強化する」、「自国優先主義を貫く」、「パリ協定は無視する」、「TPPは即廃棄する」等々の政策を掲げているだけである。

しかし、そのような枝葉末節的な政策だけでは、アメリカ経済に根差す重要事項を抜本的に解決することは出来ず、ラストベルト地帯を元通りの工場群にしたり、中低貧困層に対して十分な雇用機会を与えたり、賃金水準を引き上げたり、最低生活を保障するような結果をもたらすことなど出来るわけもない。その結果、1年経ち2年も経てば、彼に投票した人たちは軒並み絶望へと追い込まれることになるであろう。

そんな不満を和らげるために、日本から輸入される自動車に高い関税をかけたり、中国から輸入している多くの物品にも高額の関税障壁を設けたりしかねない。

また、貿易自由化協定を自国側に有利に変更すれば、当面はそれなりの効果が出ても、いずれ貿易そのものを委縮させてしまう結果、トータルとしての影響はかえってマイナスになるものと思われる。

たとえ日本の輸入車を全面的に締め出し得たとしても、苦し紛れに米国内へと工場進出してくる企業はさほど多くはなく、ラストベルト地帯が元の活況を取り戻したりはしない。

つまり、トランプが唱えている数々の政策を実行してみてもうまくいかないことは現時点で既にはっきりしている。結局、トランプ大統領はこれから先数年間、世界中をかき乱し、大波乱を巻き起こしながら、自国経済の状況をも好転させられないだろう。

選挙に想いを託した多くの中低貧困層の願いも殆ど実現させられることなく、過激な発言が何時までも宙を舞いながら、虚しく時間だけが過ぎていくことであろう。

その中でわが国への影響は無視し得ない。まず第一に防衛負担は確実に増えそうだし、安倍内閣が念願にしていた貿易自由化促進政策には終止符が打たれ、中国や北朝鮮との軋轢は今後ますます増すばかりとなるだろう。オバマ時代ですら横ばい続きであった日本経済は、今後なお一層辛い局面へと導かれることになりそうである。

安倍内閣は苦し紛れに原発を次々に稼働させようとしているが、今や刻一刻と地震の脅威は高まりつつある。地震学者は東北大地震によって日本列島が本格的な地震の活動期に入ったと報告している。事実、日本の各地では地震が頻発しているが、それよりも地球上での大規模地震の頻度の方が一層気になる。そのような危なっかしい状況の中で原発を次々に稼働させるというのだから、考えるだけで身震いしたくなるほど恐ろしい。このような世界的状況の下で、これから我々は現在とは全く次元の異なる20年先の時代へと進んでいくこととなる。これから先一体どのようなことが頻発し、その度毎にどのように乗り越えていかなければならないのか？

そうした問題に焦点をあてながら執筆したのが本書である。

一つ一つの問題を焦点に据えながら、それらをあなた自身の問題として捉え、適切な解決策を探し求めていかれるように祈っている。

トランプ後の世界❖目次

分析編

要約編

第４次産業革命や自動運転車について

２０００年間にも及ぶ世界の歴史上、大変革期はわずかに3回しか起こっていない。ところが目下我々はまさに今、その内の一つの変革期の真っ只中に立たされている。大変革期の渦中にいる者にとって、その実態は掴みにくいのが普通であるが、今後数年もたてば「あの時こそが大変革期だったのだ」と、確認されるに違いない。

１８００年前後にイギリスで起こった第1次産業革命の結果、蒸気機関が発明され、それが機械を動かし、鉄道を走らせ、蒸気船で世界中を駆けずり回ることとなった。その結果、ヨーロッパ諸国が世界の覇者として君臨することとなったのである。

その後2世紀間にわたる技術的進歩の結果、欧米間では覇権争いが始まり、20世紀前半には2度の世界大戦が引き起こされることとなった。この2度の大戦中、欧米ではtechnical innovationが沸き起こり、近代産業が勃興した。遅れて出発せざるを得なかった日本は、戦後の技術導入によっていち早くこの成果を取り入れ、廃墟の中から全世界が注目するほどの高成長をなしとげたのである。しかし、第2次産業革命の時代は1950年代から30年以上たって幕を閉じてしまい、アメリカから始まった「ITを起爆剤とする第3次産業革命」へと引き継がれることとなった。

この結果、1990年代以降今日に至るまで、日進月歩し続けているITが新たな時代を切り拓きつつある。この流れに乗り遅れた日本は停滞を余儀なくされて立ち直りすら出来ず、遂に「失われた二十数年間」と言われる時代を迎えてしまった。

IMFが2016年7月に改訂した「世界経済見通し」において、「2016年から2017年にかけての経済成長率」は、世界全体が3・1%から3・4%、アメリカが2・2%から2・5%、ユーロ圏が1・6%から1・4%に対して、日本は僅かに0・3%から0・1%でしかなく、中国の6・6%から6・2%、インドの7・4%から7・4%に比べると惨めなくらいに低く、世界の趨勢からは完全に取り残されている（34頁表1）。このままの状態が続くと、いずれ未来は「アジアの片隅に佇む一小国」へと転落してしまうだろう。

そんな最中に世界では早くも『第４次産業革命』の足音が聞こえてきている。

この革命に関しては、目下のところはドイツが先頭にたち、アメリカが追いかけているが、中国やインドも積極的に注力しつつある。この中で日本の動きは残念ながら遅々たるものであり、いらいらしている日本人は数知れずいる。

ところで第４次産業革命の究極の目的は「単純労働者のＩＴによる置換」であり、完成時点では「ものづくり現場での労働力は半減する」と言われている。また、service業でも徹底的な人減らしが大幅に進むこととなり、その逆に熟練者たちがことさら重要視されることとなるが、そうなれば仕事にあぶれる単純労働者が巷に溢れる。

また、20年後までには「自動運転車」が花盛りとなりそうだが、そうなると現在の自動車産業のあり方は一変し、車は「所有するもの」という意識から「シェアするもの」へと大変化することとなる。このことが日本経済に及ぼす影響は計り知れない。

フランスの経済学者トマ・ピケティは、過去に遡って所得分配問題を精査したが、彼が言うには所得分配率が理想の状態に近かったのは、人類史上第２次大戦後の三十数年間だけであり、以前も以後も資本の専横ぶりが著しく、近年ますますその傾向が強まりつつあるという。特にソビエト連邦が崩壊した１９９１年以降、資本主義国では労働者に対する所得分配率の引き下げが目立ち始めた。その結果、過去20年間総労賃は下がり続けており、逆に資本家や大株主の取り分は年々増加の一途を辿りつつある。総労賃の切り下げは総需要の沈滞へと繋がり、売れ行き不振からデフレが定着すると同時に、世界中が成長率の低下に悩まされることとなった。

旺盛なバイタリティを失った日本経済

ご承知の通り、日本経済は過去20カ年以上「失われた○○年」と言われるような低成長が延々と続いており、今のところこの惨状から脱却出来るメドはたっていない。

自民党員たちは「アベノミクス」を延長すれば良いと事もなげに言う。参院選挙の結果では、一般庶民はそんな出鱈目な言い分を認めているようにさえ見受けられる。

しかし政府の言う「失業率の低さ」は、アルバイトをしたり、日雇い労働をしたりしている人たちから、非正規社員までもがまともな就職者とみなされており、これらの人たちの半数を失業者としてカウントすれば、失業率は30％を軽く超える。

２０１６年６月１日、安倍首相は「２０１５年末の倒産が僅か８８１２件しかなく、25年ぶりの減少だ」と胸を張ったが、東京商工リサーチの調べでは、事業の継続を断念した企業数は倒産件数の３倍以上の２万６６９９件と、15年前からは６割も増えている。

表1　2016年　世界経済見通し

	世界全体	日本	アメリカ	ユーロ圏	中国	インド	ロシア
2016年	3.1	0.3	2.2	1.6	6.6	7.4	▼1.2
2017年	3.4	0.1	2.5	1.4	6.2	7.4	1.0

つまり、正規の倒産手続きすら出来ずに夜逃げせざるを得なかった企業が、統計数値の裏にわんさといるのであり、アベノミクスの期間中もその数は増加の一途を辿っている。だから安倍首相の捉え方は正当ではなく、完全な間違いなのである。

日銀は大胆な政策を打ち出し続けているが、それでも経済は一向に立ち直らず、デフレが解消する兆しなどさらさらない。四半期ごとに発表される成長率をみても、zero成長の基調から脱する様子は少しも窺われず、先行きは楽観出来そうにもない。

２０１６年7月19日にＩＭＦが改訂した「世界経済見通し」では、表1の通りとなっている。

これから見ても、日本の惨めさは目を覆うばかりであり、問題のある南欧諸国をかかえているユーロ圏の足元にすら及ばない。なんとも情けない限りである。

なぜ日本がこんなことになってしまったのか？　については本書の中で詳述するが、我々にとって極めて大事なことは、これから先もわが国が現在のような政治家に任せ続けている限り、世界の国々には到底伍していけそうにもないことである。

2016年8月7日の『日本経済新聞』に、立正大の吉川洋教授と東洋大の竹中平蔵教授の対談が出ていたが、竹中教授は「日本経済は全治何年ではなく**「余命何年」**だ」と強調した。また吉川教授は「日本の債務残高は対GDP232％でギリシャの200％だが、それよりも恐ろしいのは**「債務の伸びがGDPの伸びを上回り続けている」**ことだ」と指摘した。**つまり、この2人は「日本経済は絶望的だ」と、はっきり結論づけているのだ。**

日本人ばかりではない。日本の事情に詳しい米経済戦略研究所のK・プレストウィッツ所長は、2016年8月の『日本経済新聞』に次のような論説をのせている。**「日本には明治維新と敗戦に続いて3度目の危機が迫っているだけに、人々がアベノミクスにこのまま頼り続けていたら日本経済のお先は真っ暗だ」**。この発言もまた傾聴に値する。

ところでわが国では、高齢化もさることながら少子化が凄まじい勢いで進行しつつある。この大きな原因は若い人たちがまともな給料を得られないために結婚を諦め、子供を持つことをすら断念しつつあるためである。親の家にパラサイトしている若者たちは、稼げなくなれば親の年金にしがみつくので、親までもが困り果てている。

しかし、次の世代ではこの肝心要のパラサイト先までが大幅に減ってしまう。

「奨学金破綻」という単語までが飛び出すようになった今日、ついに「老後漂流」という表現までもが囁かれるようになった。つまり、日本では時代の進展に伴い深刻な問題が次から次へと出てきている。そのような時代変化の流れの中で、**実は最も恵まれた階層だと思われていた人たちまでもが行き詰まりつつある。**

バブルが崩壊するまで、一流大学卒で一流企業に就職した人たちは３０００万円前後の退職金と月々25万円程度の厚生年金とで悠々自適の老後を迎えることが出来た。

この当時は80歳までに他界する人たちが大勢を占めていたため、やり過ごせた。

しかし、今では退職金も2～3割は減っている上に、80歳代はおろか90歳代の高齢者たちも結構沢山いる。そうなると、80歳以降の生活資金が不足するようになる。

80歳を過ぎると医療費が一段と嵩む上に介護費用までもが追加される。その上にパラサイトしてくる子供たちを抱え込んだら、それこそ一貫の終わりになってしまう。

このように、最も恵まれている階層でさえも老後の不安にさらされることとなったのだから、これ以下の人たちは推して知るべしということになるであろう。

ちょうどここまで書き終わった8月20日の『朝日新聞』の夕刊に、日本、インド、インドネシアでの世論調査の発表が掲載された。調査の主体は、日本は「言論NPO」、インドは「オブザーバー研究財団」、インドネシアは「戦略国際問題研究所」である。

それぞれ1000人を対象にしながら、次の3問を投げかけている。

設問1としては、「自国の将来について楽観的に考えているかどうか？」。

設問2としては、「自国に民主主義が定着していると思っているのかどうか？」。

設問3としては、「自国の政党は期待できるかという意見を持っているか？」。

この結果、

設問1については、日本は20・7％、インドは75・9％、インドネシアは65・3％であった。

設問2については、日本は46・7％、インドは65％、インドネシアは47・1％であった。

設問3では、日本人の肯定的な回答は15・5％しかなく、政党政治への不信に満ちていた。

日本人が将来について悲観的として挙げている主な理由は「高齢化」と「経済の停滞ぶり」の2点であったが、この結果を見ても多くの日本人が将来を極めて悲観的に考えていることがよくわかる。

実は筆者は「**日本人の多くは暢気すぎるから極めて問題だ**」と何時も思っていたが、きちんとした調査でこのような悲観的な結果が出てきたことで本当にびっくりした。

ただしこの思いと選挙結果との違いは、今もなお謎のまま残されている。

将来一体どんな社会が実現するのか？

「はしがき」に掲げたように、20年後には現在とはまるで違う社会が実現しているだろう。まずは簡単にそうした社会を展望しながら、本書が進むにつれてもっと詳しく実態を見極めていくこととする。

最初に取り上げるのは『第4次産業革命』である。これはドイツが最初に唱え、ついでアメリカが後を追う形となったが、日本は今頃になって慌てだしている。

この革命の核心部分は「最新のＩＴ機器や装置を駆使して製造業の現場から単純労働者を一掃すること」である。現在までに製造業に関するknow-howが世界中に行き渡ってしまった結果、国際競争力の決め手は労働者の労賃差だけとなってしまった。

このため問題解決のためには、製造業で約半数を占めている単純労働者をＩＴ機器や装置に置き換える必要がある。ところが幸いにして最先端のtechnologyによって20年後までにはその目的が実現する目途がついた。その結果、これから約20年をかけて、国家間での第4次産業革命成就の早い者勝ち競争が行われることとなった。

ところがドイツは中国とインドという巨大市場への効果的な参入をも考慮しつつ、これら二国に対して第４次産業革命成就のための支援を行いつつある。この結果、これら二国までもが先進諸国と肩を並べて新しい産業体制を確立しようとしている。

反面、アメリカでは幅広い企業の積極的な参加の下で、急速な技術開発を展開しながらこの面でドイツを追い抜こうとしている。20年後の世界市場において国際的により有利な地位を占められるかどうかは、一に第４次産業革命の進展度合いにかかっているが、この問題については、後程改めて詳しく述べることとする。

次いで取り上げるのは、最近話題となっている『自動運転車』に関してである。

フォード社は２０１６年８月16日「２０２１年にはハンドルもブレーキもアクセルペダルもない、完全自動運転車を市販する」と正式に発表した。

これまでLevel ４の段階の車が世の中に登場してくるのは２０３０年頃だろうと言われてい

たが、フォード社はなんと5年後にはそのような車を実現してみせるという。

つまり、一般の想定よりなんと9年も前倒しされることとなる。これは明らかに全世界の自動車makerに対する挑戦であり、こと自動運転車に関する限り「実現の速さ」や「性能面」について、自分たちが真っ先に世界一を実現してみせるという断固たる決意の表明である。これを絶好の契機として、今後は一気に自動運転車の実現が加速されることになるであろう。

それと同時に注目されてきたのが**電気自動車（EV）**である。次世代CARとして何が本命になるのかにつき、今までに色々と議論されてきた。そのような中でトヨタは、**ハイブリッド車（HV）**と**燃料電池車（FCV）**で対応してきたが、日産自動車はEV一本鎗で貫き通してきた。しかし、1回の充電での走行距離上でのhandicapのために今までなかなか主流にはなり得なかった。ところが、米テスラモーターズが新機軸のEVで500㎞以上をクリアーし、その実績を受けて米環境省がEVを次世代の本命CARとした。こうした流れを受けてトヨタは、**プラグインハイブリッド車（PHV）**でなんとか乗り切ろうとしている。しかし、エンジンとモーターが合体した車種だけに、コスト面では明らかに不利となる。そのような矢先、今度は独ダイムラーが2016年8月19日、1充電で500㎞（欧州計測モード）走行可能な超高級

ＥＶ「マイバッハ」を発表した。この他にも欧州勢では、独のＶＷ傘下のアウディ、ポルシェに加えてスウェーデンのボルボまでもが航続距離５００㎞のＥＶの投入方針を表明している。

もしも今から20年後に、ＥＶの比率が予想外に高まることになると、従来の自動車市場のあり方は一挙に激変してしまうこととなるであろう。

普通車サイズのガソリン車の部品点数は通常３万点前後と言われているが、ＥＶだとその数分の1となる。つまり、エンジン主体かモーターとバッテリー主体かで、部品自体の性能や規格ならびにそれらのあり方までもがガラリと変わることとなる。

今日に至るまで日本の自動車業界はガソリンエンジン車を中心に発展してきた。

しかし、素材の材質からその精度や造り方までもが一変してしまうと、自動車産業そのものの従来のhierarchyが物の見事に崩壊し、それまでは必要不可欠となっていた企業群の相当数までもが、整理の対象となってしまうことになるから大変だ。

そうなると、従来ガソリンエンジン車の性能を世界一のレベルにまで引き上げるために投入されてきた多くの技術的な集積が、ほとんど要らなくなってしまう。つまり、ガソリンエンジン車に代わってＥＶが主流になる時代がやってくると、それまでに築きあげられてきた技術的優位性の大部分が失われてしまいかねないのである。

日本経済にとって自動車産業は今まで大きな下支え役を担わされてきた。その結果、これまでの二十数年間、日本のＧＤＰはなんとかminusに落ち込まずにすんだ。

それだけに20年後に向かって全く新しい時代が到来するようになると、自動車産業は下支えの役を十分に果たせなくなりかねない。その上に第４次産業革命でのhandicapまでもが加わると国際的な競争力はますます低下しかねない。

もしもこうした推定がそのまま成り立つとすれば、現在日本経済をリードしている自動車産業のweightが大きく後退することとなるが、そうなれば日本経済はminus成長が定着してしまうことになるであろう。

今後の日本の実力を、どう見極めれば良いのか？

日本という国は極めて不思議な国である。かつて経済力で10倍もの力を有していたロシアに打ち勝ったと思えば、今度はアメリカに完膚なきまでに敗北している。

また、1950年代以降約三十数年間にわたって"Japan as No.1."とまで誉めそやされたにもかかわらず、今では世界の中でも最も成長しない国へとなり下がってしまった。

戦争終結後にはあれほどまでにアジアに積極進出し、各国で溢れるばかりに家電製品を並べていたにもかかわらず、国際競争に完敗した結果今ではアジア各国では殆ど見られなくなった。それればかりではない。一時は「世界のシャープ」とまで言われていた会社が、台湾企業に買収された。また40万人もの従業員を抱え、隆盛を極めていた東芝も無残にも殆どの有力事業を手放しつつある。この2社以外でも名だたる大企業が次々に大量の人員整理を行い、家電の大部分と肝心要の半導体から敗退し、撤収しつつある。この陰では解雇された数万人とその家族が不運に泣かされている。

目下、電機大手各社が業績面で立ち直ったかに見えているのは、半導体や家電のような赤字垂れ流しの有望事業から撤退したからであり、今後の矛先はアジアを中心としたインフラ整備に向けている。こうした動きを反映して、日本企業は軒並み投資意欲をなくしており、３６０兆円もの内部留保をため込んでいる。経営者たちにとっては損をしないことが優先され、その結果非正規社員を増やし、正規社員の給料を圧縮することによって利益をひねり出している。その結果、政府の掛け声にもかかわらず、賃上げをする企業は少ない。その一方で政府はなんとかminus成長をさけるために、原発を稼働させようと試み、寿命である40年を過ぎた原発さえも動かそうとしている。

こうして見てみると、一体日本人は優秀なのか？　並みの人間なのか？　それともむしろ劣っているのか？　分からなくなってしまう。ところが面白いことに、歴史的にみて、日本は約40年毎のサイクルで好調と不調の波を描いていることが分かる。

即ち、明治維新では支配階級が一新された後、新たな為政者が力の限りをつくして難関を乗り切った。その流れの先に日清・日露の両大戦での大勝利がもたらされた。

これらの勝ち戦の結果に酔いしれた陸海軍の首脳たちによって、その後の敗戦に至る軌道が敷かれた。しかも政府の首脳たちはこれらの武官たちを正しく導けなかった。

日露戦争時点での艦隊決戦が、その後何十年たっても通用すると考えた石頭で思いついたのが、46㎝の巨砲を備えた大和、武蔵であった。しかし、40㎞も飛んでいく巨砲の先では、敵艦隊は絶えず激しく動き回っており、到着した時には元の場所にはいない。その結果、大和も武蔵もただの1発ですら命中させられなかった。

ただし、ガダルカナルの飛行場のように動かない対象にたいしては強烈な打撃を与えることが出来たのだが、そのような戦場には赴かせるようなことはせずに、大事にとったままになっていた。「大和ホテル」と揶揄されたのはそのためである。

陸海軍の大学校を優秀な成績で卒業した者たちのやることなすこと、すべてお笑い草でしかなかったが、日露戦争から太平洋戦争までがちょうど40年間である。

太平洋戦争で完敗した後、それまで舵取りをしていた人たちは根こそぎ一掃され、新しい感覚の持ち主たちが、戦後の日本経済を任されることとなった。彼らが行ったのは、専ら日本の立ち遅れた技術を先進諸国並みに引き上げることであった。

筆者は1964年から5年間、ヨーロッパ事務所に勤務していたが、この当時勤めていた会社の本社からは続々と技術者たちが訪欧し、様々な国から最新鋭の技術を導入することだけに躍起となっていた。廃墟と化した日本を侮っていた欧米各国は惜しみなく技術を分け与えてくれたが、それればかりではない。世界銀行は惜しみなく設備資金をも供給してくれたのであった。焼け野原に設備を新設しなければならなかった日本にとって、最新鋭の技術を構築出来たのは幸運であった。たちまち日本が世界一の量産体制を整えられたのは、こうした好条件が幾つも折り重なったためである。

この上に世界中どこからでも原料を調達することが出来、どこへでも売り込むことが可能となるような理想的な世界が出現したのと、安価かつ優秀な労働力が無尽蔵に供給され、1＄＝360円という円安が加わったために、日本の競争力は世界一となった。

つまり、戦後日本が急成長出来たのは、稀に見る好条件が重なったからであって、決して日本人が優秀だったという理由だけではなかったのである。

ところがシャープやパナソニックの首脳陣は、世界を取り巻く環境が以前とは著しく変わってしまったにもかかわらず「巨大な垂直一貫工場を打ち建て、それをフル稼働しさえすれば簡単に世界市場を席巻出来る」と単純にも思い込み、堺と尼崎に関連企業群を大勢呼び集めて大々的な投資を敢行した。しかし、世界ではこの時点よりも遥か以前の20年以上前から国際的な分業体制が確立しており、製品はバラバラに分解されることで、それぞれのパーツは最も生産性の高い国で製造され、それらをアセンブルすることによって最終製品が形作られるようになっていたのであった。

そのためアメリカではただの1社すら液晶に大投資する企業はなく、みんなシャープやパナソニックが行き詰まって、液晶を安売りする日を待ちわびていたのである。

十分な需要を取り込めず稼働率が思うように上がらなければ、想定されていたコストなど実現するはずもなく、稼働率の低迷とともにコストは急上昇する。液晶だけでも何とか量を稼ぎたいとすれば安売りせざるを得ない立場に追い込まれる。この結果、向こう見ずな投資はたちまち行き詰まり、両大規模工場は僅か2年で挫折してしまった。

つまり、この場合でも「40年間毎のサイクル」で成功と失敗とが繰り返されている。

本来はこの時点よりも前に日本経済をけん引するmemberが交代すべきだったが、明治維新や敗戦といったご破算にする契機がなかったために、そうはならなかった。

つまり、現在居座っている政治家や企業の経営者たちも、すべて交代すべき人たちがそのまいるために、維新後や敗戦後のようなダイナミックな復活作戦が出来ないのである。本当は現在の役者たちを総入れ替えし、新しい時代を展望することが出来、その上で果断に新政策を断行するだけの人物が主役につくべきであった。しかし、そうした抜本的な契機がないために、失格者とその後継者たちが舵取りをしている。

筆者が日本経済の先行きを極めて厳しく見ているのは、実はこうした見方、考え方に立っているからである。例えばドイツのA. Merkel首相は、福島原発の大事故とその後の影響を重視し、２０２０年までに全原発を廃炉にするという大英断を下した。

ところが日本では目先の判断だけでまだまだ稼働を続けようとしている。それどころか40年たった原発でさえ、更に稼働させようとしている。

また、安倍首相はアメリカもロシアも見向きもしなかった「トルコとの原子力協定」に調印している。トルコは「**原発を設置してくれた国が最後まであらゆる事故の保証をすること**」という条件を付けている。そんな国に原発を提供したら不安は何時までも付きまとう。どうせ企業は負担出来ないので、政府がすべての尻拭いをすることになるが、元を正せば国民の税金であるからたまったものではない。

それればかりではない。日本には世界中のＭ７・０以上の地震の1割が集中していると言われているが、そんな国で大地震が起こったら、再び福島の二の舞いとなってしまう。ドイツのように地震の可能性が殆どない国ですら原発をやめようとしているのに、日本が何時までも原発に拘るのは明らかな見当はずれである。この件に関しても『分析編』では詳しく取り上げるので、その項をぜひ見て頂きたい。

我々はかりそめにも「日本人は優秀だ」と思い込んではならない。そんな思い込みのために今までどれだけ苦労してきたのかを、この際もう一度思い起こす必要がある。

何事によらず、人間思い上がりが一番危険である。何時も己自身を冷静に見つめなおし、反省につぐ反省の上で事を運ぶことが大切なのである。

各国には躍進の時代と衰退の時代とがある

今を去る半世紀前、家族4人でマイカーによるスペイン1周旅行を試みた。北ドイツのデュッセルドルフで車を列車に積み込み、コンパートメントで1泊すると翌朝フランス—スペイン国境に辿りつく。そこからバルセロナ、マドリード、トレドを経てセビリアに向かった。この街には外洋船が遡って来られるグアダルキビル川が流れているが、そのほとりにコロンブスの石碑が立っていた。そこには「PLUS ULTRA」と書かれていた。ちょうど居合わせた大学生たちに聞くと、PLUSは「プラス」であり、ULTRAは「ウルトラ」つまり「超」という意味であった。つまり「もっと頑張れ！」という意味なのだと言う。当時新大陸を発見した男たちにとっては「もっと遠くへ！」ということにでもなるのだろう。この当時、スペインやポルトガルの若者たちはこぞって「PLUS ULTRA」を実践しており、これら二国の若者たちは燃え立っていた。だからこそ世界へ向けて大飛躍を遂げることが出来たのである。

「現在はどうなのか？」と聞いたら、「今の若者たちは元気がないよ」「なにしろ経済が不振で若者たちの半分は失業しているからね」との答えだった。このように経済が不振であり、前途に希望が持てなくなったら、国の勢いは当然のように落ちていくこととなる。

その後ポルトガルを旅したが、そこでも答えは同じだった。この国の西の果てにはロカ岬があり「ここはヨーロッパの最西端である」と書かれているが、ここからも探検者たちの多くが新大陸を目指して旅立っていった。この岬には大勢の探検者たちが船の上に乗っている大きな像が建っていたが、この国の人たちにとってこの像は「過ぎ去った栄光の過去」にしか過ぎない。この国もスペイン同様、失業者は4人に1人であり、しかも国内では極めて安い給料しか払ってもらえないほどに落ち込んでいる。

このため、職を求める大勢の人たちが大挙してイギリスに渡るのだそうで、そのための斡旋業者が主要都市に配置されているのだという。集められた人たちは集団でイギリスへと飛び、危険な仕事につかされる。

怪我でもすればたちまちお払い箱となり、ポルトガルへと送り返される。

しかし、イギリスのＥＵ離脱に伴い、こんな仕事ですらなくなってしまっている。

このように、経済が沈滞し若者たちの希望が無残に断ち切られるようになると、「果てしなき夢を求める」という機運は完全に消滅し、その結果国の勢いは下り坂となる。こうした風潮を反映するかのように、今の日本でも海外勤務を希望する若者の数が著しく減少しており、海外留学生の数すらもが激減しつつあるのだという。

日本では、戦後三十数年ばかりは海外に飛び出して行こうとする若者たちが満ち溢れており、彼らは勇み立って出国して行ったものであった。しかし、時代が変われば様変わりとなるが、現在のこのような風潮が日本の先行きを暗示していると思わざるを得ない。つまり、これから先時代が激変し、20年後には第４次産業革命が花開き、自動運転車が元気よく走り出すのだが、そうした時代へ向けて日本が列強と肩を並べて走るようになるとはどうしても思えない。一国の経済活動を積極化するためには絶えざる研究開発が不可欠であり、経済成長競争こそは研究開発競争の結果として実現されることとなる。そのためにこそ『産官学』の緊密な連携が肝要なのであり、官と学とが「基礎研究」に没頭する一方で、それを基盤として産が「応用研究」の花を咲かさねばならない。

ところがアメリカと日本との基礎研究の成果を比較すると、何と１００対１である。

即ち、２０１４年のノースウエスタン大学の特許料収入は３９７億円であり、５位のカリフォルニア大学は１２６億円であるのに対して、日本ではトップの京都大学が３・６億円、５位の東北大学が８４００万円である（２２２頁参照）。なぜこれだけの差が開いたのかは明らかだ。

つまり、アメリカの大学は戦前から一貫して政府の支援の下に基礎研究に勤しみながら今日に至っている。それに対して日本では戦前は軍事産業に傾倒しており、戦後は技術導入すればいいさとばかりに基礎研究に精力を注がなかった。だからこそ、欧米各国が日本に対して技術開示をしなくなればたちまちお手上げとなり、日本独自の力だけではどうにもならなくなってしまっているのである。

つまり、国の政策が付け焼き刃的なら、企業の対応もその日暮らし的であり、どっしり構えて遠い将来をめざすという体制が整っていない。筆者がやがて間もなくやってくる20年後の世界に、日本が雄飛出来そうもないと推測している根拠の中には、このような事実も潜んでいる。読者の皆様方は一体こうした事実をも考慮の中に入れながら、先行きをどうご判断されるのかお伺いしたいものである。

世界史の流れの中で見て取れる日本の姿

２０１５年11月26日、『日本経済新聞』は２０１５年10月末の『世界の超大手企業』の実態を公表した。それによると超大企業の総数は１２２１社であり、国もしくは地域の内訳は、

１位	アメリカ	４２５社	全世界の35％
２位	欧州	２８７社	24％
３位	アジア（日本と中国以外）	１４４社	12％
４位	中国	１２９社	11％
５位	日本	１０４社	９％

６位は中南米で42社（３％）、７位はカナダで35社（３％）、８位は中東で28社（２％）、９位はロシア＋ウクライナで15社（１％）、10位はアフリカで12社（１％）である。

この中でも最も素晴らしく発展しているのは中国であり、10年前は僅かに8社だったが、今では129社と日本の104社を追い越しており、16倍以上の伸びである。

1人当たり名目GDPで日本は1996年にはOECD34カ国中第3位だったが、それから18年後の2014年には20位にまで転落している。日本はUS$3万6230（対前年比6％減）であるが、第1位のルクセンブルクは11・6万$（日本の3・2倍）、ノルウェイは9・5万$（同2・6倍）、オーストラリアは6・2万$（同1・7倍）であり、目下落ち目の南欧4カ国以外の殆どの欧州諸国から抜かれている。

それればかりか、シンガポールの5・8万$（同1・6倍）や香港の4万$からさえも抜かれており、今後も苦戦が続きそうだ。

今を去る数十年前には、どのアジア諸国を訪ねても、あらゆる街角は日本のmakerの看板で満ち溢れ、どの店にも日本の電気製品が所狭しと並べられていた。

しかも、主要都市だけではなく、グアムやサイパン、更にはフィジーに至るまでのちっぽけな島々の店先にも展示されていたのは日本製品だけであり、その上、町中には日本車や日本のバイクが溢れていた。戦争に負けた日本はアジア全域から根こそぎ退散させられたが、戦後間もなく日本産業が失地回復とばかりに再び大々的に進出したのである。ところがその後日本の電化製品は国際競争に負け続けた結果、一転して引き揚げざるを得なくなり、その後を埋めたのは韓国製品であった。サムスン電子やＬＧの製品が続々と進出しており、今では日本製品で生き残っているのは自動車だけとなった。そこで１９８０年以降の日本の実質ＧＤＰの実績値を次に掲載する。

日本の実質GDPの年次別推移を概観する

表2を見ていただきたい。これらの数値を一瞥しただけでも1980年代の順調な伸びがよく分かる。

（注）この中での「2015年の数値」はIMFが2015年10月末時点で推計したものである。

しかし、1990年代に入ると伸びはぴたりと止まり、2000年を過ぎると完全な横ばいとなった。ここではっきりとしていることは、1990年以降の二十数年間は財政資金を1000兆円以上も注ぎ込んだのに、経済は横ばいがやっとだったということである。

今後はそうした下支えが全く期待出来ないだけに、経済活動は伸びるどころかむしろ沈み込むばかりとなるだろう。従って安倍首相がしきりに唱えている「2020年にはGDP600兆円を目指す」という掛け声など、実現の可能性は完全にzeroである。

安倍―黒田の迷コンビは「なりふり構わぬ通貨の増発」で円の価値を下落させたが、その

表2　日本の実質GDPの年次別推移

1981年	281兆円	2001年	477兆円
1982年	291兆円	2002年	478兆円
1983年	299兆円	2003年	486兆円
1984年	313兆円	2004年	497兆円
1985年	333兆円	2005年	504兆円
1986年	342兆円	2006年	512兆円
1987年	356兆円	2007年	524兆円
1988年	381兆円	2008年	518兆円
1989年	402兆円	2009年	490兆円
1990年	424兆円	2010年	513兆円
1991年	439兆円	2011年	510兆円
1992年	442兆円	2012年	519兆円
1993年	443兆円	2013年	527兆円
1994年	447兆円	2014年	526兆円
1995年	455兆円	2015年	530兆円
1996年	467兆円		
1997年	475兆円		
1998年	465兆円		
1999年	464兆円		
2000年	475兆円		

表3　ドル評価による日本の国際的な実質価値

2010年	2011年	2012年	2013年	2014年	2015年
5,499	5,909	5,957	4,920	4,602	4,116

結果日本の実質GDPのドル評価は一本調子で下がり続けている。

多くの日本人たちは円安が進んだことを喜んでいたが、『ドル評価による日本の国際的な実質価値』は、安倍政権の丸3年間に4920から4116へと下落している（表3）。

日本の株価が史上最高値をつけた1989年末時点での『世界の超大手企業ランキング』では、TOP10社の中には次の通り日本勢が7社も入っていた。

1位：日本興業銀行　2位：住友銀行　3位：富士銀行
4位：第一勧業銀行　5位：三菱銀行　6位：エクソンモービル
7位：GE　8位：東京電力　9位：三和銀行
10位：IBM

ところが2015年10月末現在での世界の50位の超大手企業50社の中にランクインされているのは、65頁の表4の通りトヨタ自動車（第22位）のみである。

世界経済の将来見通しに対する考え方

２０１６年９月４日、５日の両日、中国の杭州でG20サミットが開催された。

この時の主題は「世界経済の復興」であり、なんとしてでも落ち込んでいる世界経済の水準を持ち上げたいというものであった。安倍首相は自ら発言を求めて、財政出動による世界経済活性化への各国の努力を強く要請している。しかし、ロシアやブラジルのようなminus成長国を除くと、現在の日本はこと経済成長率に関する限り、世界の中で最下位にランクされており、立ち直りの気配すら見せていない。それにもかかわらず「もっと成長率を引き上げようではないか！」と大声で呼びかけている。

ちなみにGDPに対する対内直接投資の２０１５年末の数値は、イギリスが63％なのに対して日本はなんと３・７％でしかなく、中国、韓国、インドよりも低い。

また、中国経済は１９８０年から２０１１年までの年平均成長率10％から大幅に減速し、

new normalと言われている6％から7％へとdownしているが、もしも2016年に6・7％の成長率を維持出来れば、世界の成長率3・1％に対する中国経済の寄与率は39％弱となり、世界経済を支える有力なkey factorとなる。逆に目標の成長率が半減すれば、世界の経済成長率は3・1％から1・9％へと落ち込んでしまう。

わが国では如何にも中国経済が今にでも破たんするかのように書かれた本が多数見受けられるが、2016年における中国の経済成長率がそれほどまでに低下すると、世界は本格的な景気後退に入るとさえ言われているほどである。

ところで世界経済が一向に浮上し得ないのは『実需不足』のためである。つまり、世界各国が非正規雇用を増やすことによって正規雇用者数を絞り込み、その上で正規雇用者の賃金までをもcutし続ければ、実需の不足は決定的となる。

ところで1973年、ドイツ生まれのイギリス経済学者だったシューマッハは、*Small is beautiful*という名の本を出版して、経済拡張主義を痛烈に批判した。つまり、より多く、より早く、より大きく、より遠くまでをsloganとしている現代文明は、いずれ行き詰まるであろうと警告したのである。

ＧＤＰが大きく伸びたからといって、それが人類の幸せに直結するものかどうか？　即ち、病的な成長、不健全な成長、破壊的な成長ということも充分にあり得るということを、この人は強調しているのである。

言葉を変えて言うならば「経済成長率の引き上げ一辺倒、是か非か？」ということになる。つまり、経済成長率を引き上げしさえすればすべての問題が解決するのか？　そうではなくて、人々の生命や財産、更には暮らしや満足度までをも考慮にいれながら、どのような経済政策が大多数の人々にとって最も妥当なのかを、原点に立ち返って再検討すべき時が来ているのではないかと、この人は訴えているのである。

例えば、経済成長率を引き上げるために原発にしがみつき、40年寿命と言われていた原発でさえ更にもう20年間動かそうとする政策が、一般庶民の恒久的な幸せとマッチするのかどうか？　という問題も俎上にのせるべきであろう。

A. Merkel首相は福島原発の悲惨な事故を見て原発廃止を決意し、直ちに実行した。ドイツにおいては地震活動期がすでに過ぎており、起きる可能性は著しく低いというのが一般的な見方である。これに対して日本はＭ７以上の大地震が起きる可能性が世界の中で10％以上を占めているという地震大国である。それにもかかわらず経済成長一本鎗の安倍内閣は、出来る限り多くの原発を稼働させようとしており、日独の政治的決断は裏と表のように異なっている。このような政治的な配慮は何も原発だけに限らない。それだけにあらゆる事態を想定した抜本的な政策は極めて重要なのである。

表4には世界の株式時価総額上位50社を掲載している。これは2015年10月末時点に集計されたものである。アメリカは全世界50社中の32社と突出している。アメリカに次ぐのは中国であるが僅かに8社のみ。後はインド、日本、ベルギー、韓国、オランダ、イギリス、デンマークがそれぞれ1社ずつ。

株式時価総額上位100社の内、51位以下にランクされている日本企業は、三菱UFJフィナンシャルグループ（77位）、NTTドコモ（92位）、日本電信電話（99位）の3社であり、中国も3社だけ。残りの44社のすべてはアメリカ勢であり、世界を圧倒している。

表4　世界の株式時価総額上位50社のランキング

01 アップル（アメリカ）
02 アルファベット（アメリカ）
03 マイクロソフト（アメリカ）
04 エクソン・モービル（アメリカ）
05 バークシャー・ハサウェイ（アメリカ）
06 HDFC・バンク（インド）
07 アマゾン・ドット・コム（アメリカ）
08 GE（アメリカ）
09 フェイスブック（アメリカ）
10 J&J（アメリカ）
11 ウェルズ・ファーゴ（アメリカ）
12 チャイナ・モバイル（中国）
13 ネスレ（スイス）
14 JPモルガン・チェース（アメリカ）
15 ロッシュ・ホールディング（スイス）
16 中国工商銀行（中国）
17 ノバルティス（スイス）
18 アリババ（中国）
19 ファイザー（アメリカ）
20 P&G（アメリカ）
21 AT&T（アメリカ）
22 トヨタ自動車（日本）
23 ウォルト・ディズニー（アメリカ）
24 アンハイザー・ブッシュ・インベブ（ベルギー）
25 ベライゾン・コミュニケーションズ（アメリカ）
26 ビザ（アメリカ）
27 コカコーラ（アメリカ）
28 ウォルマート（アメリカ）
29 中国建設銀行（中国）
30 サムスン電子（韓国）
31 Tencent Holding（中国）
32 Bank of America（アメリカ）
33 シェブロン（アメリカ）
34 オラクル（アメリカ）
35 Royal Dutch Shell（オランダ）
36 インテル（アメリカ）
37 ホーム・デポ（アメリカ）
38 シティグループ（アメリカ）
39 中国農業銀行（中国）
40 ギリアド・サイエンシズ（アメリカ）
41 メルク（アメリカ）
42 コムキャスト（アメリカ）
43 HSBC Holdings（イギリス）
44 ペプシコ（アメリカ）
45 シスコ・システムズ（アメリカ）
46 ペトロチャイナ（中国）
47 ノボ・ノルディスク（デンマーク）
48 中国銀行（中国）
49 フィリップ・モリス・インターナショナル（アメリカ）
50 IBM（アメリカ）

著書の中で22年前に予言した未来

筆者は1994年4月、実業之日本社から次のようなタイトルで出版しながら、日本の将来に対して警告を発した。つまり、これから先大規模な地殻変動が起こり、日本経済の前途は大変なことになるに違いないと、はっきり予言したのである。

ニッポン株式会社　大世紀末の地殻変動（実業之日本社出版）

1989年末には、日経平均が史上最高値の3万8957円をつけたが、執筆時点でもなお平均株価は3万円をキープしていた。そうした中で一般には強気の見解が大勢を占め、またいずれ日本経済は勢いよく復活し、株価も回復するだろうという意見が圧倒的であった。そのような情勢の中で、筆者は次のような章立てで「今から世間をあっと驚かすような地殻変動が襲う」と予言した。その中でも代表的な章は次の通り。

はじめに：しのび寄る「大量失業」時代　日本経営史上初の賃下げが始まる
第1章：日本中を襲う正体不明の消費不振　これが「神の見えざる手」だ
第2章：まだまだ進む株式の下落傾向　日経平均は15，000円を割るだろう
第3章：成長率ゼロもありうる「横ばい経済時代」がいよいよやって来る

この時点まではあらゆる業種で『賃下げ』は、まだ起きていなかった。誰もそんなことが起きるとは考えもしていなかった。それにもかかわらずはっきりと賃下げを予見し、**そのような異常な社会現象がいよいよ始まるようになるとまで断言した**のである。

第1章には『消費不振』を取り上げているが、この根本原因は総労働賃金のカットである。つまり縮小均衡型の経済運営がそのまま消費の不振へと直結すると見ていた。

そのような経済運営が続くようになると、当然のように業績は悪化の一途を辿り、株式は下落し続ける。その結果日経平均はその時点の半値である1万5000円をさえ割り込むだろうと推論した。

当時そのような過激な意見をこの時点ではっきりと述べる経済学者や経済評論家など、ただの一人も居なかった。従って、この時点では誰もこんな意見を信じようとすらしなかった。そ

うした状況を総括すると、当然のように**成長率はzeroとなり横ばい経済が定着することとなる**が、これだけのことがきちんと読み取れていたということが本の形で残された。

こうした内容は世間一般の考え方とは完全に真逆であり、そのために極端な悲観論だと見做された。同じ大学を出た学友からは「こんな悲観論を発表したら二度と出版出来なくなるよ」と忠告されていた。その時「この人は将来のことがまるで分かっていないのだな」と思ったが、議論してみても決着がつきそうではないので、そのまま聞き流しておいた。

その同じ年の10月には**『これからどうなる日本の製造業』**をダイヤモンド社から出版し、更に1998年2月には光文社から**『大変な時代に克つ会社』**を出版した。

これらの本によって警告しただけではない。これから物凄い時代を迎えるのであれば、本気になって100歳超えを目指すだけの覚悟が必要だと信じ込み、それなりの対策を打とうと必死になって身構えたのである。そのための手段としては、65歳から僅か5年だけ厚生年金の受給をおくらせるだけで、支給額が88％も増えるというありがたい制度に順応すること（もっとも現在では約半分の42％upにしかならない）と、手持ちの資金をzero成長しか出来ないこの哀れな国日本に置いたままにせずに、世界中を見渡した上で最も発展する地域の物件に投下して増やすことであった。

日本人は観光旅行だけはよくするが、海外で資産を増やすために努力する人はあまりいない。そのためあらゆる騙し商法にひっかかって大事な金を盗み取られている。

海外における資産運用はその時々によってダイナミックに変化する。さしずめ今なら直ぐに思いつくだけでも2件ある。その一つはアゼルバイジャンの国営銀行に10年定期をすることだ。何しろ年率20・15％なので1000万円預ければ10年後には9000万円にまで膨れ上がる。物件なら中国の広西チワン自治区の南寧《ナンニン》市に限る。

ここは将来における中国物流の一大拠点となるが、そのために世界最大規模の港湾が3カ所も整備されつつある。北京からまっすぐ南下してきた新幹線が、この市を経由しながら約700㎞南のハノイまで延長される計画もある。注目されていない現在この地の物件に投下しておけば、やがて大化けするであろう。こうしたことをも含めて世界中を見渡し、最も可能性の高い投資案件に絞り込まないと、十分な資産を作り出すことは出来ない。日本においておけば、良くてzeroであり、下手をすれば資産は確実に目減りしていくことは間違いない。

分析編

第４次産業革命と日本の将来

ドイツは『Industry 4.0』なる旗印を掲げて『第４次産業革命』へ向けて驀進しだした。また、アメリカは『Industrial Internet』なる合言葉の下で、第４次産業革命の盟主の地位を確保しようと躍起になっている。ところがわが国ではなんでもかでも『ＩＴ』一本鎗だが、独米では産業面での検討が進んでおり『ＩＣＴ』が主役の座に収まっている。その中でも『Ｃ』＝Communicationが果たす役割が極めて大きく、『ＩＣＴ』が今後の産業と経済に与える影響は凄まじいばかりに大きい。世界ではアメリカを中心として『ＩＴの時代』が80年代から始まり90年代にはpeakを迎えた。そうした過程の上で、21世紀からは『ＩＣＴ』の幕が華々しく切って落とされたのである。

この先鞭をつけたのはＲＦＩＤタグ専門の技術者であったK. Ashtonである。彼は１９９９年に「モノのInternet」という概念を打ち出した。tagは「ちっぽけな欠片《かけら》」にしかすぎないが、電源を必要としないために様々なモノに取りつけられる上に、digital通信の力を借りることによって己の存在をappeal出来るようになった。

彼はこうした働きを「モノのInternet化」と称し、うまく活用しさえすれば社会を大きく変えられるようになるだろうと予言した。彼の予言通り、tagはＡＩ（人工知能）の力を借りた上でどのようなモノにでも装着されながら素晴らしい限りの威力を発揮し、賢く（smartに）振るうようになった。

彼が予言した翌々年から21世紀が始まったが、その最初の10年間にＩＯＴ（Internet of Things）の分野で活躍するようになり、全世界へと展開していった。

ところでＩＣＴの目下の世界での市場規模は約４兆ドルであり、日本のshareは13～18％と見込まれている。これに対してＩＯＴは人以外のモノや各種機器やsensorを対象としている。工作機械や建設機械等の産業機械、電力や、水道等々につけられた計量機器、医療関連機器並びに社会インフラ等に設置されるsensor（温度・湿度・人・振動・圧力・音等）などが「モノ」の代表である。

mass customizationは、顧客のneedsを細かくcatchして多品種少量生産を行うが、生産性の著しい向上によって大量に生産する場合でも、少品種大量生産並みの実績をあげられる。つまり

『Industry 4.0』なる概念はそれがそのまま『第４次産業革命』と完全に同義語なのである。この点での理解を誤ると、この表現の持つ意味が分かりにくくなる。ところで最近は「ＩＯＴ」「ＩＣＴ」「ＭＬ（Machine Learning）」「ＤＬ（Deep Learning）」等々の目新しい単語が続々と飛び込んでくるようになった。外国人と会話をしていて知らない単語がいくつか交じると、それが障害になって内容が聞き取りにくくなる。

それと同様、第４次産業革命について知ろうとした時に、このような単語が続々出てくるとallergy反応が起こり理解出来なくなってしまう。そこで分かりやすく解説すると次の通りとなる。

つまり、時代の進化とともに製品や部品に知能を持ったtagやtipが取り付けられ、それらが情報の受発信源になるようになったのだが、それらが工場内は言うまでもなくuser sideから納入後までの幅広い分野で、お互い緊密なcommunicationを取り合うようになったため、生産性は著しく向上するようになったのである。

第4次産業革命を進めているドイツ

第4次産業革命に関しては、ドイツでは『Industry 4.0』、アメリカでは『Industrial Internet』と通称されているが、目的も手段も方法も完全に一致していて、ただ表現が異なっているだけである。このことからでも明らかなように、彼らは産業界全般をmain targetとしており、第4次産業革命を無事乗り切ることによって国際競争力を大幅に高め「世界市場で生き残るだけではなく勝ち進む」ことを目的にしている。

つまり、考え方の基本は一国経済の発展なのであり、そのためには何がなんでも産業、特に『製造業の国際競争力の強化拡充』が必要不可欠だと考えている。

今頃になってわが国では『IOT』ばやりであり、新聞や雑誌にやたらこの3文字が並び沢山の本が乱売されているが、内容的にはすべてバラバラであり、著者たちのこの問題に対する理解度も千差万別である。書籍の中には、自動販売機をわが国にしかあり得ない「日本独特のIOTの成功例」として捉え、それに加えて「超大型の建設機械の海外での活躍ぶり」をそえながら、あたかも日本がＩＯＴ分野で独走態勢に入っているかのように思い込んでいる著者もいる。

こうした混乱をさけるために、ＩＯＴを「tag機能を付したモノ自体の経済的効果」と規定し、ＩＣＴを「モノ同士のcommunicationによる製造工程のmass customize化」として区別すれば、両者の違いがはっきりしてくる。

ところで第４次産業革命にむけて我々が最大の問題としているのは『国際競争力』であり、その際中心に据えられるのは『製造業』である。つまり、製造業こそが国家の存続発展のための欠くべからざる前提なのであり、この優勝劣敗こそが国家の運命を左右することになる。ちなみにＧＤＰに占める製造業の割合は、アメリカでは約12％、ドイツでは約24％であり、日本はほぼドイツ並みである。その上わが国は完全な無資源国家であるため、大量の天然資源を輸入しなければならない。

この輸入費用を稼ぎ出すためには大量の製品輸出が欠かせないために、なんとしてでも製造業に頑張ってもらわなければならない。そのため製造業への期待はどこの国よりも遥かに大きい。

新興諸国は次々に先進諸国の製造業からhard並びにsoftを学び取りつつあるが、その上に労賃が圧倒的に安い。更に若手労働者の数が年々大幅に増加し、平均年齢が下がりつつある国が多い。こうした傾向から判断する限り、先進諸国は製造方式に大変革でも起こさない限り、彼らとまともに競争することが出来ない。

そこで独米で持ち上がったのが『ICTによる人件費の大幅削減』と『多品種少量生産（mass customization）』を見事にcombineさせたのが『Industry 4.0』並びに『第4次産業革命』なのであった。製品を造りこむ際、細かく分かれている需要にjust meetさせようとすると、当然のことながら多品種になってしまい生産性が著しく下がる。

それにもかかわらずflexible manufacturingで製造効率を飛躍的に高めることによって、多品種少量生産ながら少品種大量生産並みの生産性を保たせようというのである。

それと同時に、工場内での機器や設備等々のmutual communicationによって労働者数を半減させ、総労賃を新興諸国以下に抑え込もうというのが『Industry 4.0』の究極の目的である。ただし、こうした稀有壮大な試みを実現させようとすると、大企業の力だけでは無理であり、関連する中小企業をもすべて巻き込みながら、関係のある企業群全体で当面する問題をすべて解決しなければならない。それればかりではない。更に進んで海外に展開している自社の工場群はもとより、他国で操業しつつある自社の関連工場群ともmutual communicationを万全に保ち続ける必要がある。

これだけのことをやり遂げるためには、今後数年はおろか十数年にも及ぶ懸命な努力が欠かせない。

ドイツは目下技術畑出身のA. Merkel首相自らが率先して陣頭に立ち、何がなんでも世界のtopに君臨するのだという意気込みの下であらゆる努力を傾けつつある。

この国で特徴的なことは、企業数で90％以上にも達する中小企業群の意識改革が進んでいるために、ドイツ全体としての総合的な企業改革の進捗状況は順調である。

一方でアメリカでは、多くの先進企業群がすでに相互に連携を取りつつあり、その上中小企業をも参加させながら改革を進めており、更に政府までをも巻き込んでいる。

こうした独米の動きに比べると日本の動きは今のところ完全に見劣りするが、実態を詳しく見た上で、更にこの問題の先行きを見守っていくことにしたい。

２０１５年３月、HanoverでＩＴ業界の見本市ＣｅＢＩＴが開かれた。その折、ドイツ工学

academyは『２０２５年におけるsmart serviceの世界』と題する１９２頁の提言書を公表している。この提言書では、２０２５年の世界を次のように描いている。

Industry 4.0が普及した世界ではuser needsが生産課程を規定することとなる。smart factory（digital化された考える工場）の利点はuser needsに応じて素早く生産processを変更出来ることである。その結果、ドイツ企業が得意としてきたtailor-made方式の生産を、現在以上に容易に行えるようになる。smart工場はsensorの働きで相互にcommunicate出来る「smart product」を造りだす。これらの製品はglobalなnetworkの中でinternetを通じてお互いに連携しあっている。

smart serviceが実施されている世界では、工場、plant、機械、部品等がdigital platformを通じてinternetに接続されている。このplatformを活用することによって、世界のどの地域からも「考える製品」に関するdataにaccessすることが出来るのである。

興味深いことにはドイツ工学academyが「このplatformに保管されているsoftwareは２０２５年頃には重要な輸出商品に変身するであろう」と述べている。

つまり、softwareを自由に使えるのは、それを開発したドイツなどの欧州企業だけとなり、それ以外の国の企業は料金を支払わなければならないというのである。

もしもこの構想が実現すれば、ドイツ企業は従来型のものづくり業態から脱皮して、知識とknow-howを売る企業へと発展することとなる。更に続けて「ドイツのmittelstand（ドイツ語で中小企業）は重要なsoftware moduleを開発することによってsmart serviceの先駆者になるであろう」とも予言している。

（注）ドイツ経済を支えているのは年商６５０～１３００億円規模の中規模企業（mittelstand）である。

更にドイツ工業academyによると、digital化は工業界だけに留まらず、運輸、energy、医療、農業など社会の様々な分野にも応用されることになるという。

ドイツが目指しているのは、ＩＯＴによって世界中の製品をinternetで繋ぎ、毎日大量のuser情報を取得して収集し分析することである。こうすれば間違いなくbusinessに繋げられるというのだ。例えば農業分野では、気候や温度、湿度などのdataに応じて、作物の種、肥料の使い方、収集作業を自動的に最適化することが出来るという。

また医療の分野では、患者の健康状態を常時監視し分析することによって、最適な治療法を見つけ出すことが可能となる。ドイツは２０５０年までに風力や太陽光等の自然energyの発電比率を全体の８％にまで引き上げることを目標にしているが、energyは変動が激しいのでsmartmeterの普及が不可欠になるという。このようにIndustry 4.0の適用範囲は驚くほど広い分野に行きわたっている。

２０１５年のＧＤＰ中、ドイツの製造業が占める割合は21・８％であり、ＥＵ平均の15・1％、フランスの10・２％、イギリスの10・１％を大幅に上回っている。またものづくり企業は１９９４〜２０１４年までの20年間に年平均２・４％ずつ労働生産性を引き上げてきた。

ドイツ工学academy会長のH. KagermannがＩＯＴの推進を提唱したのは、自国の機械・plant製造業界がすでにcomputerを様々な機械に組み込んでいるという実態を見極めていたからであった。ドイツのＢＩＴＫＯＭ（new media産業連合会）は、自国経済がIndustry 4.0へと移行することによって、２０２５年までに2兆７１００億円だけ売り上げを増やせるという見通しを明らかにしている。

また、ドイツが毎年10万人の移民を受け入れても、なお２０３０年には人口が６５０万人も減り、移民の受け入れを30万人に増やしても、１００万人も減るとみなされている。このため Industry 4.0 への移行は正しく国家的急務である。

ドイツにおける過去と現在との生産性の違いを決定的に象徴している実例として、siemens の Amberg 工場を取り上げる。ここはドイツ南部にある人口約４万４０００人の小さな町である。

この地に computer の専門工場を建てたのは第３次産業革命真っ盛りの１９８９年であった。従業員数は約１０００名であり、約２００種類の製品を年間約１５０万個製造していた。この時点から約四半世紀後の現在、製品の種類は5倍の１０００種類に増えたが、それにもかかわらず製造数は１５０万個から１２００万個へと8倍にもなっている。

それでも従業員数は１０００人のままであり、工場の建屋面積も約1万㎡と26年前と全く同じだ。これこそが『Industry 4.0』の素晴らしいばかりの成果である。

ドイツがこの運動を始めたのは２０１１年であり、政府が積極的に資金を供与し、数百の企業や大学をも参加させた上で、規格作りや技術開発を推し進めた。その結果、このような見事な成果をあげることが出来たのであった。

第3次産業革命時代そのままで、ものづくりを進めている新興諸国に対して、ドイツとアメリカとが必死になって産業革命を遂行しようとしているのは『Industry 4.0』を推し進めれば絶対に彼らに勝てると信じているからである。なぜなら新興諸国のうち大部分の国々では、これから先まだまだ第3次産業革命時代のままで推移するはずであり、そうなるとたとえ労賃が先進諸国の数分の1であっても、同じ人数で8倍もの製品を生み出すことが出来、しかも製品の種類が200種類から1000種類にまで増やせられるとなると、生産性の違いは10倍を遥かに超えるくらいに高まることとなる。

これだけ素晴らしい製造方式を確立することが出来ればまさに鬼に金棒であり、案ずる必要は全くなくなる。

今を去る20～30年前にはアジア諸国の「単能工」に対して日本では圧倒的に優秀かつ豊富な「多能工」の存在が指摘されていた。しかし、今ではIOTによって未熟な単能工でさえ「昔なら想像すら出来なかったほどの多能工的能力」を発揮することが出来るようになっているだけに、認識を一変させる必要がある。

つまり、人間の能力を大きく引き上げさせるだけのknow-howが工程内に組み込まれるようになった。こんな離れ業をやり遂げられるのはＩＯＴのお陰であるが、これだけではまだまだ十分な威力を発揮することは出来ない。

万全な能力を発揮させるためには、これに加えてＩＣＴの真ん中の『Ｃ』つまり『Communication機能』をフルに発揮させなければならない。そうすることによって初めてAmberg工場での飛躍的な生産規模が達成されることとなる。製造現場で作業員たちの動きを逐一見続けていると、彼らは次々に流れてくる半製品へ向かって必要な部品を素早く組み込んでいる。

１９８９年当時の作業員の能力の限界は１５０万個／年であったが、それが１２００万個へと8倍になり、かつ流れてくる半製品の種類が２００から１０００へと5倍も増えると、神業的な仕掛けが必要となってくる。このため、あらゆる部品や半製品にsmart tagがつけられ、それらが次に流れてくる半製品に必要な「組み付け部品の籠」を作業員の手元に自動的にかつtiming良く送り込む。それと同時に目の前に置かれたscreenの画像には、組み付けるべき箇所がはっきりと映し出される上に、注意事項までもが表示される。その結果、作業員たちは迷うことなく、そして間違いなく淡々と組み付け作業に没頭することが出来る。これらのtagはその上に欠品までをも察知し、補充の連絡まで自動的にやってくれる。つまり、あらゆるtagが人間の能力をすら超えるほどの賢さで間違いなく機能し続ける。

だからこそ我々は『トヨタ生産方式』そのものを絶対視してはならない。確かに今から30年程前、この方式は全世界の人たちを感心させた「人智を超えた方式」であった。しかし、独米はこの方式を完全にmasterした上に、ICTの能力を加味しながら第4次産業革命を引き起こしつつあるというのが目下進行しつつある現実の姿である。日本にはトヨタ生産方式を中小企業に伝授する子会社が幾つもあるが、その多くがトヨタ出身者によるものである。

この中で最右翼のカルマン社の若松義人社長に聞いたところ、目下行っている工場改善計画はトヨタ生産方式の原型を主体としているという。

即ち、①肝心要のカンバンの配置、②工程の流れの改善（清流化）、③設備間の最適距離の算定、④理想的な人の動きの確認、⑤効果的なtool収納箱の配置、⑥後工程が前工程を引っ張る仕組みの認識、⑦見込み生産の排除、⑧欠品対策等々止まりであり、ICTの領域にまでは及んでいない。

確かに工場内のカイゼンによって生産性は向上するが、その度合いは限られている。ところがAmberg工場ではなんと10倍を遥かに超える域にまで生産性が引き上げられている。この差の中に第3次と第4次の産業革命の「時代を超えた圧倒的な違い」がある。我々は独米で目下着々と実行中の『Industry 4.0』がもたらす素晴らしい限りの影響を、絶対に軽視してはならない。

Amberg工場の中には電子基板を作る装置やRobotが並んでおり、全長３～４ｍのconveyor上を半製品段階のcomputerが流れている。製品の長さは５㎝から30㎝までバラバラだが、製品や設備の至るところにIC tagやbarcodeが配置されており、sensorやcameraがそれらの「モノ」から発する情報を的確に読み取っている。

この結果、どの顧客のどのような種類の製品が製造工程中のどこにあるのかをreal timeで判断し、管理し制御することが出来る。だからこそ99・７％の製品が、注文を受けてから24時間以内に出荷出来るまでになっているのである。

その上、生産性が急上昇すると同時に、納期までもが著しく短縮されることとなった。従って、急な設計変更もdataの入れ替え一つで可能となっている。この工場では２０１４年に扱っていたdata量は１９９５年当時の1万倍にも達しており、２０００年当時と比べてみても１０００倍に増えている。このように、ＩＣＴの真ん中の「Ｃ」＝Communicationは今世紀最大の発明と言われるほどの甚大な影響を社会に及ぼしており、また人類に対してこの上ないまでの素晴らしい貢献を果たしつつある。

ドイツのA. Merkel首相が直々に、国家を改造させる製造業改革に乗り出しているのは、GDPの内の24%ものweightを占める製造業を抱えているこの国でものづくりに失敗したら、国家は破滅の道をひた走らざるを得ないとはっきり認識しているからである。ドイツが国家をあげてものづくりの刷新に取り組み始めたのは1980年代初めである。当時の手本は「トヨタ生産方式」であった。この方式をcomputerの力を借りて更に一層進化させようとしたのがCIM（Computer Integrated Manufacturing）であった。

この時の最も力を入れた目標は「computerによる省力化」であった。このために莫大な投資が必要となり、財務面での過剰な負担の結果、採算割れを来してしまった。

『Industry 4.0』ではこの時の反省の上に立ち、必要不可欠な作業員を現場に残し、彼らをlineの中に組み込むことによって理想的な運営を推進出来るようになった。

その代表的な例は、ボッシュが2014年9月に稼働させたHomburg工場での農業機械用の油圧機器のassembly lineである。組み立て中の200種類もの製品は、IC tagを通してline上のmonitorに映し出される。作業者は動画や手順書によって作業内容を確認しながら、間違いなく作業と点検を繰り返していく。IC tagの役割は工場内だけに留まらない。それらは調達先から研究開発部門へ、更に進んで顧客にまで幅広いnetworkを広げつつ、totalとしての生産性を飛躍的に向上させる役割を演じている。
　これらの最先端的な工場へは中小企業からの訪問がひっきりなしであり、見学者たちは生産性が驚異的に高まっている実態を目で見て確かめるので、その後の熱の入れ方は尋常一様ではない。

　Industry 4.0は、生産工程のdigital化、自動化、virtual化のlevelを大幅に高めることを目的としており、更にcostの極小化をも目指している。現在、ドイツのelectronics機器makerやcar maker、通信機器makerが目指しているのは『smart factory』、つまり『機械や部品が自ら考えactionが取れる工場』の実現である。
　Industry 4.0の世界では、工場は隣接する必要はない。ＩＴで結び合わされてさえいれば、どんなに遠くに離れていても問題はない。smart factory同士では相互連絡が緊密なので、欠品に関する連絡から緊急な部品の補充、更には部品取引の決済までをも自動的に行える。この結果、人が大幅に削減されることになったのである。つまり、人が関与しなくても機械同士でお互いに連絡を取り合い、生産や供給等々を絶えず最適化されることとなるため、人件費が大幅に削減されることとなったのである。

ドイツは今までに自動車産業や機械産業の分野において大幅に自動生産方式を採用してきた。その点においては世界のtop levelにあるが、製造業のleaderとしての地位を守り続けるためには、２０３０年までに製造工程をＩＣＴの域にまで引き上げることが至上命令となっている。そのため残された時間はあまりない。ドイツの官民が侃々諤々しながらIndustry 4.0の完遂のために躍起になっているのはこのためである。

『Industry 4.0』が『3.0』と大きく異なっているのは、工場がsystemを自ら監視し、自分で決定し、生産工程をreal timeで操作し、最適化している点である。

この段階にまで達すると、製品自体が記憶力を持つようになり、その結果製品が辿るべきprocessを機械に対して自ら指示するようにまでなる。つまり、生産される部品がsensorを通じて工場の機械と対話した上で、生産systemを自ら決定し、操作するのである。もしも生産工程に異常が発生したら、部品がsensorからの連絡で察知し、その事態を工場側に伝達して適切な対策を取らせる。つまり、部品はただ加工されるだけの受け身の存在ではなく、生産processの監視者という立場に加えて「生産processを能動的に動かす行為者」という立場にも立つことになるのである。

部品と機械とがお互いに対話するdigital工場では、工場が人の手を借りずに、自主的に異常やsystemの弱点を感知して修正し、必要なspare partsの納入企業を自ら探し出して注文するようになる。この際に中核となるのはsoftwareである。

ドイツ企業の約90％は従業員数５００名に満たないmittelstandであるが、これらの企業は十分な財務基盤に乏しいためにsoftwareを開発する資金の手当面で苦労している。このため、ドイツでは政府が音頭をとり必要な予算をつけた上で、ものづくりに関する業界団体を巻き込みながらIndustry 4.0の標準化を推し進めている。ところでここでドイツにおけるＩＣＴの第一人者であるRoland Bergerの解説を紹介することとする。同氏は１９３７年にBerlinに生まれ、ドイツの大学院を卒業した後米系のconsulting会社を経てRoland Berger社を１９６７年に設立、２０１０年から同社の会長に就任している。次は同氏の見解である。

ＩＯＴは資源の調達から設計生産、物流、serviceまで、企業のValue Chain全体を結びつけているために、このchain全体を著しく短縮させる効果がある。この結果、付加価値を生まない中間業者はどんどん消えていく。Industry 4.0に参加する企業は、10年以内に40～60％程度の生産性の向上を見込んでいる。ドイツが得意としている自動車産業や機械産業は、これからますます活性化されるだろう。

その後どのような状況が展開されるようになっているのかを見てみると、次の通り。

(1) 大幅に生産性が向上すれば労働力に余剰が発生するが、特に余るのはIndustry 3.0時代の労働者たち（つまり単純労働者たち）である。

(2) ＩＴの分野でアメリカがドイツよりも遥か先を走っていることは認めざるを得ないが、アメリカはこれまでＩＯＴを製造業に応用することは考えてこなかった。その理由はＧＤＰに占める製造業の比率が約12％と、ドイツの半分にしかすぎず重要度が低かったからである。この点に力を入れればドイツが優位性を保てる可能性が出てくる。

(3) ドイツには大手のＩＴ企業は多くないが、ＩＴ機能付きのtagを埋め込んだ装置の台数では世界一である上に、装置やdataを熟知し製造processを設計する力を持っている技術者が多い。これらがIndustry 4.0を推進する際の力となっている。

(4) Industry 4.0を推進する際の最大の阻害要因は自社のplatformに閉じこもること。そうすれば産業全体として生産性を引き上げられなくなってしまう。その為あくまでもopenなplatformを作り上げることに留意すべきである。

ところでIndustry 4.0の一翼を担う『ドイツ人工知能研究centre』は、ドイツ南西部のKaiserslauternにdemonstration用の小工場を設立している。ここでＩＯＴとＡＩが融合したsmart工場の様子を見学者や報道関係者らに公開している。例えば、ＢＡＳＦはこの工場でshampooや液体洗剤などの自動製造systemを披露している。

好きな色や香りを指示すると、その情報がinternetを通じて製造lineに伝えられる。そうなると液体の入ったbottleにIC tagが貼り付けられ、製造lineを流れていく。

そうすると、製造装置がtagの情報を読み取って、要求された色と香りの液体をbottleに流し込む。部品が不足するようになると、internet経由で外部に発注される。

ドイツ政府や産業界がIndustry 4.0に着手するようになったのは２０１１年だが、その背景にはGoogle、Amazon、Apple、Facebookなどが欧州諸国で存在感を露わにしてきたからであった。例えばGoogleは検索engineから取得した大量のuser情報を分析して、それを様々な物品の直販に役立ててきた。また、自動運転技術を開発することによってドイツの得意とする自動車産業の根幹を揺るがし始めた。同じくAppleも自動運転車や電気自動車の開発に乗り出してきた。さらにAmazonは電子機器の製造販売にも進出してきた。

このようにinternetやbig data解析を得意としていたアメリカの巨大ＩＴ企業がドイツ企業の最も得意としていた製造業の分野にまでも進出してきた。こうした現実に対する危機感がドイツ政府や産業界を揺るがし挑戦意欲をかきたてたのである。

このような経緯から必然的にIndustry 4.0への取り組みが沸き起こってきた。

日本と並ぶものづくり大国であったドイツは、自動車や電子機器、更には産業用Robotなどhardware関連の技術分野では世界の先頭を走っていたが、その一方でinternetやＡＩに代表されるsoftware技術ではアメリカに遅れをとっていた。このような状況下にあって、ドイツとしては自分たちが得意としていなかった領域でアメリカと本格的に闘わねばならなくなってしまったために苦労している。

その上にアメリカでは個人情報に関する規制が緩やかであるために、大量の個人情報をmachine learningで解析して自らのbusinessに役立てることが出来る。

産業革命を推進しつつあるアメリカ

アメリカの調査会社Gartner社によると、アメリカにおけるinternet接続機器は、2015年には30億個だったが2020年には250億個へと急増する見込みである。

その内訳としては、自動車分野が約35億個、産業分野は約83億個、一般消費者向けは約131億個となっている。今後たった5年間でこんなに急増し、世の中が一変してしまうのである。こうして集めたbig dataを分析し活用することに長けた企業が、製造業の面で競争力の根幹を握るが、アメリカの自動車会社TESLA MOTORSは、その好例である。EV専門のこの会社は、販売した車に対してもinternet経由で車載softを更新し続ける。この世の中にはまだ完全自動運転車は現れていないが、TESLA社から自動運転用のsensorやcameraが搭載されている新型車を買えば、開発の進展度合いに応じて新しいsoftが自分の車に転写され続ける。そのためTESLA社が自動運転技術を完成すると同時に自動運転車に切り替えられることとなる。車は一旦買い取られると中古価格として値段が一挙に下がるが、それはsoftが古くなってしまうからである。しかし、TESLA社の車は常時softが更新されるために、価格の下がり方が極めて緩やかである。

ドイツでは政府が主導権を握りながら第4次産業革命を推進しつつあるが、アメリカでは続々と立ち上がりつつある企業集団が、お互い結束しつつ改革を推進している。

ところでアメリカで最先端製造業の第1位に挙げられるGEは、時代の変化を先取りしながら逞しくかつ素晴らしく成長してきた。その結果、全米の製造業の手本となっており、多くの企業がこの会社をまねしながら見習っている。そのGE（General Electric Company）が推し進めている改善手法は全米に大きな影響を与えている。

GEがICTを実践している実態を見てみると、凡そ次の通りである。

⑴　世界的大競争時代に勝ち残るためには「製品の技術」ではなく、他社よりも優位に立つため製品技術＋service、つまり『solution』の提供が強く求められている。

⑵　GE本社のJ. Immelt社長が目指している『hardware＋software』companyこそがGEの最終目標である。そのためにはIOTのフル活用が大前提となっている。

⑶　jet engineを納入した後も、機器の温度、振動数、回転数などを常時把握し、問題があれ

ば速やかに部品を次の空港に届けることによって修理の時間を短縮する。

(4)　また、engine の data を常時解析することによって、適切な航路を advice したり、着陸に向かって降下し始める際の高度や、最も効率的な降下角度をも通知する。

supply chain がＩＯＴによって real time に繋がっているので、問題発生と同時に対策をたて、直ちに speedy な action を起こすことが可能となる。

(5)　3D printer の登場によって、工場配置に関する基本的な考え方がガラリと変わった。

3D printer を使えば、研削、蠟付け、溶接の各工程が要らなくなり、熟練工でしか出来なかった製品でさえ誰でも出来るようになった。

高性能な部品をどこで造っても cost 上大差がないことがわかったために、需要地に工場を持つ merit が増した。そうすれば運賃も関税も輸入手続きも不要となる上に納期も圧倒的に短くなる。同社の日野工場が目下フル稼働しているのは、このような様々な要因による。つまり、ＩＣＴの採用と3D printer の登場によって、従来の工場配置の考え方は完全に一変してしまったのである。

(6)　ＧＥが目指している夢は「Ｂ２Ｂ２Ｃ」を実現させられるような工場である。つまり「Ｂ２Ｂ」の後ろの「Ｂ」を通してその先の「Ｃ」＝ Consumer の needs までをも、はっきりと捉えられるような『brilliant factory』へと全工場をすっかり変革することである。

ところでGEは2018年までに全社の事業の整理統合を果たした上で再編成を行い、売り上げの90％を製造業で上げることに決定した。

つまり、金融業へと大きくsiftしていた姿を100％改め、再び原点に返すこととしたのである。そのために2011年にIndustrial Internet分野に毎年数十億ドル（数千億円）ずつ投下することを既に決めている。

J. Immelt社長は「全てのアメリカ企業は、近い将来『data解析企業』になる」と述べている。特にGEはこれまで全世界へ向けて1兆ドルもの製品を販売してきただけに、そこから生み出されるdata量は膨大である。彼らは自分たちが独り占めに出来るようなbig dataをすでに持っている。同社は2015年、GE Marineという組織を設立したが、ここを中心として従来の海運事業で得られた膨大なdataをフルに活用している。GEはすでに2014年にはpredictivity solutionによって、この分野で10億ドルの売り上げを得ているが、今後更に一層成長する見通しになっている。

Industrial Internetの対象になる同社製品は多岐にわたっている。即ち、jet engine, gas turbine, wind turbine, water pomp, PET/CT scanner, 原油ならびにgas関連の掘削装置等々だが、それでもまだほんの一部でしかない。こうした機器にsensorを搭載して膨大なdataを収集して解析するだけに、それに伴う効果は極めて大きい。GE製のwind turbineは世界中に2万2000台、gas turbineは4500台、列車は2万台あり、その上数千台の次世代型jet engineが何千回も世界中の空を飛び回っている。また列車に搭載されているtrip optimizer（運行最適化装置）によって、列車の位置、重量、速度、燃費、土地の形状等々のdataが時々刻々と伝えられ、その時々の最適速度が表示される。こうした列車には普通250個ものsensorが取り付けられている。GEでは2020年までにこうした効率化によって新たに生み出される付加価値は1・3兆ドルに達すると見込んでいる。GEはこうした目的を完全達成するために、2012年Silicon ValleyにSoftware Centreを開設しており、すでに1000人以上のengineerとdata scientistとが在籍している。

ついに立ち上がった中国のIndustry 4.0

2015年5月8日、中国国務院（日本の内閣に相当）は、地方政府や政府機関に対して「Made in China 2025」と題した計画を発表した。

これこそは中国の国家戦略であり、これから10年間、中国全土での製造業に関連するあらゆる行政活動に多大な影響を与える。同計画では「製造大国から製造強国への転換」や「製造業のsmart化」および「情報化と工業化の高levelでの融合」の実現を目指している。これは中国が「製造強国戦略」を打ち出してから初めての10カ年計画となるため、当初から「中国版Industry 4.0」として大きく注目されていた。

同計画では、製造業を国民経済の柱としてとらえ、強力な国際競争力を打ち出すことが中国の国力向上や国家安全の保障、世界強国への王道であるとしている。

中国には先進諸国から大量の資本や技術が注ぎ込まれ、それが大きなimpactとなって大発展をとげた。しかし、中国にはinnovation能力、資源利用効率、産業構造、情報化、品質面などで大きな格差が存在しており、そのため経済を浮上させるための努力が強く求められている。その上で2049年の建国100周年までに、中国を世界の製造業の先頭に立つ製造強国にするため、絶対にChina dreamを実現させるとのことである。

本計画では成長戦略の内、完全に達成させるべき任務として次の8項目がある。

(1) 製造業におけるinnovation能力の向上
(2) 情報化と工業化の高levelでの融合
(3) 工業に対する基礎能力の強化拡充
(4) 「green製造」の全面的な推進
(5) 重点とされる領域の急速な進展
(6) 製造業におけるunbalanceの克服
(7) service型製造業と生産型serviceとの相互発展
(8) 製造業を国際的な水準にまでlevel up

中国において日本以上にIOTに関する意識が人々に浸透しているのは注目される。

2015年3月15日、李克強首相は全国人民代表者会議で「internet関連行動計画」を発表した。この計画は、mobile internet, cloud, big data, ＩＯＴなどと近代的製造業とを結合させ、中国で急成長しつつあるe-commerce事業やinternet金融を、さらに一層発展させようという、極めて意欲的なものである。

山東省の主要港である日照港では、目下「smart港」の建設計画が進行中であるが、ここでは入港してくるtrailerにRF tagを通じて非接触で情報を読み取れるＲＦＩＤを設置している。この結果、伝票の発行、貨物の引き渡し、車両の位置確認、出入り状況等々を一括管理出来るようになった。こうした面では日本よりも進んでいる。

この装置のお陰でdriverたちは、出入り時に一々下車する必要がなくなっている。

また、オートバイの製造大手の浙江春風動力は、２０１３年にＩＯＴ方式を導入した結果、1人当たりの生産効率を30％、設備使用効率を25％、在庫回転率を50％、それぞれ上昇させている。elevator大手の杭州西奥電梯は、ＩＯＴ方式の採用により24時間全自動化を達成し、人件費の大幅削減に加えて生産効率の60％upを実現させた。

それればかりではない。河南省鄭州市ではオートバイの盗難防止にＩＯＴが見事に役立っている。

ところで近年中国企業とドイツ企業との提携が盛んである。２０１５年6月18日、ドイツの通信大手Deutsche Telekomは中国大手の華為（Fiarway）と業務提携し、新たな企業向けcloud serviceの提供を始めた。また11月にFrankfurtで開催された次世代mobile通信networkの会合では、現在Deutsche Telekomが推進している「5G Innovation Lab計画」の第1期の提携相手として、中国通信機器大手のＺＴＥを迎え入れた。その一方で両国政府間の交流が年々ますます盛んになりつつあり、両国における期待は大きい。

２０１５年７月３日には「中独internet産業円卓会議」がBerlinで開催され、ドイツが目下推し進めている「Industry 4.0」と、中国の国家戦略である「internet＋」との相互提携について熱い議論が交わされた。その結果、中独両国企業における技術、市場、project、資金などの分野における提携の強化と、security、越境e-commerce、smart cityなどの分野における提携推進で意見の一致をみた。

またその前日の7月2日には、北京市において「Made in China 2025」と「Industry 4.0 Summit」の二つの会合が持たれた。「中国製造から中国智造へ」ならびに「中独提携による産業転換upgrade」が主要themeとなって議論が行われるなど、中国とドイツとの親密な企業提携の勢いはますます加速するばかりだ。

つまり、中国は製造業の近代化、第4次産業革命への進展という、製造業にとっての世界的な潮流を読み取り、その中でのドイツ産業界の動きとその実績に注目したのである。その結果、関係が深かったアメリカ産業界をさしおき、この件に関してはドイツとの交流、連携ならびに支援を念頭に置いた上で、ドイツ一本に絞って中国製造業の近代化を推進させることにしたのである。この裏にはこれからますます発展し、拡大していく中国市場をしっかりと取り込みたいというドイツの切なる願いも込められている。

ところが日本は中国が隣国なのに、いまだになんらの手も打てないままでいる。

独米中の後を追いかけるインド

先進諸国が経てきた進化のstepを一気に飛び越え『Industry 3.0』の段階に留まり続けていたはずのインドが、いきなり『4.0』を目指してdashし始めた事実には注目する必要がある。インド南部の巨大都市Hyderabadの中心街から45分ほど車を走らせると、緑深い繁みの中から忽然とTech Mahindraの研究開発拠点technology centreの巨大研究開発centreが見えてくる。敷地面積は44万㎡（東京ドーム10個分）と、とてつもなく広い。この会社は自動車や航空機関連などを手掛けている複合企業Mahindra Groupの一員で世界52カ国に進出しており、イギリスのＢＴ(British Telecom）等の主要通信会社や欧米の自動車大手とも情報関連面で提携している。

売上高は年間５０００億円規模だが、何よりも驚かされるのは年に50％という、並外れた成長率の高さである。同社ではすでに２０１１年から経営資源を集中的にＩＯＴに投入している。従業員数は10万人に迫るが、その内の５０００人超がsoftware関連のengineerとdata分析のspecialistからなっている。この部門の責任者のNatarajanは「今回の産業革命は世界で同時並行的に進みつつある。インドはこれまでとは違い、Industry 4.0に関しては世界の先頭集団にいる」と明言している。中でも同社は「ＩＯＴのものづくりへの活用」に注力している。工場の機械をinternetに接続し、sensorで収集したdataを使って、より効率的な生産体制を構築することに極めて熱心であり、既にインドの顧客企業が持つ工場数カ所でこれに関連したprojectを幾つも発足させている。即ち、工作機械から収集したdataを分析し、それをもとにして、装置の配置や生産計画などを見直した結果、各工場の生産性は15～30％も向上したとのことであり、極めて注目される。生産processだけが改革の目的ではない。同社ではgroup内に巨大な製造部門を抱えている強みを生かし、様々な製品にinternetを活用したserviceを付け加えている。

その象徴的な存在は自動車部門と情報部門との共同開発による電気自動車「e20」であり、２０１３年には発売に漕ぎつけている。

この車ではスマホのappliを使い、エアコンのon/offやドアの開閉、電池残量の確認と最寄りの充電stationの情報提供等が出来る。また、車の状況を遠隔操作で監視し、修理の必要性や盗難の危険性をdriverに通知する機能も搭載している。Tech MahindraはドイツのＢＯＳＣＨと組み、航空機工場で電動工具や作業員の稼働状況をmonitoringして生産性を高める事業を展開している。

インドはsoftwareに関しては世界の最先端に位置しており、この分野に従事しているengineerの層は極めて厚い。この独特の潜在能力が、第４次産業革命へ向けてdashしていく際の大きな推進力になっているだけに、侮れない存在である。

多くのＩＴ企業や有力大学が軒を連ねているインドの代表的な文教都市「Pune」の郊外の工業団地に、plastics製品を製造しているＥＫＩがある。

黙々と作業をするインド人従業員らに交じって、家電部品などを作る自動の加工機が休みなく働き続けている。この工場に備え付けている33台の機械は全てinternetに接続され、工場の制御室にあるmonitorで稼働状況が常時監視されている。そのdataをもとにしながら生産効率が最も高くなるように、各機械の生産順序やspeedが調整されている。また工場の外からでもtabletによって、製造工程を確認することが出来る。責任者のTackerは「ＩＯＴを駆使することによって独米の工場と生産効率の面で肩を並べることが出来た」と胸を張った。

この工場のsystemを手掛けているsoftware会社の「Entrib Technologies」では、独自のsoftを自社工場とuserの工場とに結びつけることによって生産性を飛躍的に向上させているが、こうした方式を更に多角的に展開することにしている。

この具体例として、ＥＫＩの工場を同社の製品納入先である韓国のＬＧ電子のインド工場と接続させ、お互いの生産状況を確認しあえるようにするために注力していたが、この計画は２０１５年11月末に完成された。これはドイツで進めている「internetによる工場間連携」の動きを、一部とはいえ先取りしたものである。製造業の基礎がまだ固まっていないインドだからこそ過去にとらわれることなく、柔軟な発想の下でＩＯＴをものづくりに活用しているが、これはその好例である。

日本経済が生き残るための条件とは？

これまで、我々は独米中印の４カ国の製造業が、第４次産業革命に向かってどのような動きをしているのかを見てきた。これに対して日本の中では最右翼と目されている『デンソー』が「DP-Factory ＩＯＴ革新室」を設けたのは２０１５年であり、目下この事業を推し進めつつある。この結果、２０１８年には各工場間でＩＯＴに対応した新たなsystemを稼働させ、その効果を確認した上で２０２０年までに国内外にある約１３０の全工場を相互にinternetで繋ぎ合わせ、生産を効率化することにしている。

sensorについては、日本、アメリカ、ベトナムの各生産拠点間、meterについては日本、メキシコ、アメリカ、フィリピンの各生産拠点間、発電機については日本、中国、ブラジル、イタリアの各生産拠点間、diesel噴射装置については、日本、ハンガリー、中国の各生産拠点を繋ぎ合わせる。これほど多くの生産拠点を世界各地に展開しているので、すべてを総合的に取りまとめるのは並大抵のことではない。

しかし、コンティネンタルやボッシュ等、世界の有数な自動車部品makerはすでにこうしたnetworkを完成済みであるため、デンソーはそうした世界一流の自動車部品関連のmakerからは相当引き離されている。その点ではもっと小ぢんまりとまとまっている企業で、すでに相当な成績を残している会社もある。

即ち、電子関連機器makerのＯＫＩはprinterの主要部品の一つである半導体関連分野において、生産履歴を辿り易くするsystemの導入を完了させている。その結果、担当者や製造日時などを細かく把握し分析することを通じて、不良による廃棄物を従来比で約７割も削減することに成功している。今後はこの仕組みをprinter生産部門全体に広めていくと同時に、顧客に対応している窓口や協力会社にも広げていこうとしている。

調査会社のIDC Japanによると、国内のＩＯＴ関連市場は２０１９年に16兆円を突破し、14年比で７割以上拡大する見込みになっている。

つまり、わが国で第４次産業革命が本格化してくるのは、２０１９年から２０２０年にかけてのようである。それにしても、今でさえ周回遅れどころか３～４周は独米が先走っているると言われているだけに、先頭を走っているデンソーの体制整備の完了時点が２０２０年というのはちょっと問題ではないだろうか？　デンソーが投下する資金は１００億円規模だが、更にこの動きを下請けの工場群にまで及ぼす必要があるということになると、わが国の製造工業全体を第４次産業革命推進へと向けさせるためには、全体として巨額な予算が必要になってくる。ドイツ政府が積極的に大規模な財政資金を投入しつつあるのは、そうでもしない限りなかなか一国全体としての総合的な動きにはならないからである。ところが今のところ、日本政府にはIndustry 4.0を積極的に推し進めるための具体的な対策はなく、予算的な裏付けも聞き及んでいない。

選挙前に老人たちには3万円ものバラマキをするが、肝心要の産業活性化策には手を付けようとはしていない。悲しいが、これがわが国の偽らざる現状である。

先進国の模範事例を学ばない日本の経営者

今を去る四半世紀前の１９８０年、ＧＥのＣＥＯとして就任したばかりのJ. Welchは世界経済のそれまでの流れをつぶさに見定めた上で、これから先一体どう展開していくのかを思案熟考した。その結果「アメリカの製造業は本格的に大変革しなければならない」と悟った。その上で既存の工場の存在価値を見直し、次の三つに区分した。

（A型工場）今後とも競争力を維持し続けることが出来るのでそのまま温存する。
（B型工場）東南アジアに移管した上で操業する相手を見つけ、自社の分工場とする。
（C型工場）生き残るための条件は見つけられないので、即刻閉鎖し、売り渡す。

彼はこの考え方を発表すると同時に、即座に実行に移した。次々に閉鎖される家電製品を製造していた工場群を見て、従業員どころかＯＢさえもが非難を浴びせた。

「儲かっている工場をなぜぶっこわすのか?」「もったいないことをするな!」
「我々はGE製品に憧れて入社してきたのに、なくしてしまえばがっかりだ!」
このような意見に対してJ. Welchは、はっきりと次のように言い放った。
「今だからこそ買い手がつくが、逡巡していたら廃墟になり、買い手はつかんぞ!」
この決断は正しかった。この英断によって、GEは挫折せずに乗り切れた。

アメリカでは、GEの振る舞いに触発されて、多くの企業がGEの後に従った。ところが同じような製品群を扱っていたにもかかわらず、日立、東芝をはじめ日本の殆ど全ての名門企業は、何一つ学び取れず、改革は長年にわたって見送られた。

その結果、20世紀末までに業績が急降下していき、各社それぞれ数万人規模の人員整理を行うまでになった。本格的にGE並みの事業改革を始めたのは、20年以上も経過した2005年以降であり、GEの改革から四半世紀もの時間が無為に流れた。

ここでこの歴史的事実をつまびらかにするのは他でもない。世界的な潮流の変化に対して、日本の企業の対応が如何に生ぬるいものかを明示したかったからである。

日本の電機産業の対応は生ぬるいどころか、不感症そのものであり救いようがない。

わが国が第４次産業革命へ向けて突進するためには、何としてでも政府と大学との協力が不可欠であるが、そのためには十分な予算の裏付けが必要となる。その上で『産官学による緊密な連携play』が必須条件となる。そうした枠組みを通して企業群を強引に引っ張っていかない限り、わが国が独米と伍して前進することは出来ない。

ところで筆者は１９９４年の書籍で『世紀末の地殻変動』を予言したが、現在同じ流れの下で再執筆するなら『新世紀初頭における大規模地殻変動』となるだろう。

転換点は２０１６年が中心になるであろう。時代変革の波はますますspeedを速めるので、今後の10年間は今までの四半世紀にも匹敵するくらいの変化となるが、その結果国のあり方はもとより、それぞれの企業の立場も庶民の生活も一変してしまうこととなる。

今までの30年間に世界のＧＤＰは6倍になり、世界の貿易量は10倍になった。それにもかかわらず、日本のＧＤＰはこの期間にたった2倍になっただけであり、貿易量もまた3倍にすら到達していない。特にこの20年間のＧＤＰは僅かに16％しか増えておらず事実上完全に横ばいなのだが、それればかりではない。

米ドル表示でのＧＤＰは安倍政権の3年間に20％もdownしている。つまり、円安、株高で浮かれている間に、日本の国際的な地位はこれほどまでも下がってしまったのであり、その結果、この20年間にアジア諸国の労賃総額は1割前後上がっているのに日本の労賃総額は逆に1割ほどdownしている。

このような状態で推移し続ければ、先進諸国にも新興諸国にも次々に追い抜かれてしまうことになりかねないが、その可能性は残念ながら極めて高いと言わざるを得ない。

目下大企業を中心としながら、殆どの企業が積極的な投資を控えており、非正規社員数を減らし、正社員に業務が集中しつつあるが、その割に給料は増えていない。

経営者たちは内部留保を積み増しているが、これは競争場裏に打って出ても勝ち目がないと諦めているからである。しかし、Industry 4.0社会を実現するためには相当額の初期投資が必要であることは自明の理であり、それをすらびびっていたら前には進めない。

先に挙げたように、今では中国やインドまでもが積極的に明日に向かって突き進みつつある。そのような四囲の情勢の中で、現在のようなだらしない政財界に任せていたら、明日の日本は惨憺たる状況へと追い込まれてしまうことであろう。

わが国が独米に伍して同じspeedでIndustry 4.0社会へと突入していけるとは到底考えられな

いが、もしもそのような社会になってしまったら、どれだけimpactを与えるのかを想定しておく必要がある。我々はすべて多かれ少なかれ自国の製造業の実情に接している。製造している製品によって製造現場の様相は微妙に変化しているが、目下工場内には相当数の作業員たちが配置されている。ところがIndustry 4.0社会になると、それらの作業者数の半数程度は要らなくなると言われている。

つまり、ＩＣＴによって製品や半製品、それに機械同士が互いに通信し合い、今まで作業員が行っていた仕事をＩＣＴが行い、その結果総労務賃は現在の新興諸国以下になることが確実視されている。このように、ＩＣＴが社会に根付くようになれば、製造業における雇用が大きく減ることとなる。

これこそが独米が必死に追い求めている生き残り策の結果なのであり、勝ち進む道なのである。しかし、もしもこのような効率的な動きが全社会に浸透していくようになると、少子高齢化のtempoをすら上回る形で雇用者数が減少すると同時に労賃の切り下げも進んでいく。つまり、ＩＣＴの進展に伴って労働生産性は確かに向上していくのだが、その成果を雇い主側がすべて吸収してしまうのか、それとも働く人たちにもその恩恵が及ぶのか？　その辺りがはっきりとは見えてこない。ここに視点を合わせながら全世界的な傾向と今後の見通しを解析したのが、フランスの経済学者トマ・ピケティである。彼は極めて厳しい見方をしており、従来からの傾向を延長すると、富の分配はますます雇用者側の方により有利に傾くであろうと想定している。その結果貧富の差はますます加速されていき、それと同時に社会不安はますます増大するだろうと見ている。

以上、ドイツ、アメリカ、中国、インドのIndustry 4.0に向けての対応状況をつぶさに見てきた。そうした中で、わが国がなぜ60年代～80年代にかけての30年間ばかりは大発展出来たのに、１９９５～２０１５年にかけての20年間ほどは成長出来なくなってしまったのか？を、時代区分を中心にしながら見ていくこととする。

そうすればおのずから日本経済の持つ問題点が浮かび上がるであろうし、今後どうすれば良いのかもはっきりしてくるであろう。

筆者は戦後の期間を大まかに区分した上で、それぞれの期間の特徴を次のように明記することとした。もとよりこれほどまでにはっきりと区分出来るはずはなく、それぞれの期間の特徴がお互いに交錯し合っている。それでも時代の流れを確認する意味において、このような思い切った時代区分は、それなりの価値があるであろう。

10年刻みでの時代区分

(A) 1980年代までの約30年間

この時代の特徴は各国別の競争であった。そのため、日本は優秀で比較的安価な労働力が潤沢に供給されていた上に無資源国家であったため、世界中どこからでも最も安くて品質の良い天然資源を輸入出来た。その上どこへでも輸出出来た。大手企業は直属の1次下請け業者と刷り合わせ、技術を通して品質を高めていた。その上にトヨタ生産方式で代表される生産方式を確立させた。国際競争力が並外れて高かったのはこうした諸要因による。

(B) 1990年代＝ITの時代 (Information Technology)

ITにより遠隔地と瞬時の連絡が出来、分工場を海外へ移転させても緊密な連携playが取れるようになった。

このためアジア諸国とのcombined manufacturingが普及し始め、特に家電製品に関しては世界中で最も生産効率が良い部品makerが当該工程を担当するようになった。

こうした傾向が強まると、国内だけで一貫生産している企業の競争力は低下する。また、アジア諸国が独自に完成品を手掛けるようになり、日本製品がアジア地域から駆逐されだした。この結果、日本製造業はかつての勢いを失い、その後日本経済は沈滞しだした。

(C)　2000年代＝IOTの時代 (Information of Things)

モノにtagやGPSがつけられたために、GEは自社製のjetの追跡調査を行い、不具合情報と同時に交換すべき部品を早急に取り替え場所へ送付するというserviceを実施し始めた。また、最適運用方法を示唆したり、燃費のminimize化を伝授する等、販売後のserviceに熱を入れることによって、自社製engineの評価を高めつつある。コマツは超大型建機の自動操縦の遠隔操作や盗難防止等々により、高評価を受けるようになった。

(D)　2010年代＝ICTの時代 (Information and Communication Technology)

この時代に入るとドイツとアメリカが先頭に立ち、それに中国とインドが追随し、user段階から納品に関するserviceに至るまでのValue Chain全体を網羅することによってmass customized productionを実施する企業が増えだした。この段階に至ると今まで「人が行っていた各種の作業」を製品や部品や機械が独自に行うこととなり、この結果単純労働が大幅に減り、生産性が飛躍的に高まることとなった。

(E) 2020年代以降＝Industry 4.0時代（machine learning全盛時代）

Industry 4.0の時代は2020年前後から本格化してくるが、全面開花するのは2030年以降になるであろう。

この段階にまで達すると、一国の製造体制の内Industry 4.0のcoverageがどのくらいかによって、国全体としての国際競争力が定まることになる。この体制が全世界を覆いつくすようになれば、間違いなく一国内の従来の産業構造は激変すると同時に、個々別々の産業内での構造もまた大きな変化をもたらすであろう。

大手組立産業が生き残るためには、世界の中で最も優秀な部品企業とtie upしなければならない。この結果、従来のhierarchyは根底から覆る。今から20年後の国内産業のあり方は想像出来ないくらいに様変わりする。

あれほど世界で猛威を振るっていた日本の電機産業界が、20世紀末にかけて惨敗を喫したのは何故なのか？　それにもかかわらず日本の自動車産業が今日の隆盛を保ち続けているのは何故なのか？

electronics産業と自動車産業との栄枯盛衰の違いは、この両業界がおかれていた世界的、歴史的な位置づけの差がもたらしたものであり、前者の経営者が劣っており、後者の経営者が優れていたからではなかった。もしも自動車業界がelectronics業界と同じ時期に全く同じtypeの世界的な変革に出会っていたら、自動車産業もelectronics産業と全く同じ運命を辿っていたに違いない。

しかしこれから自動車産業に対してもelectronics産業を襲ったのと同じ波がやってくる可能性が一段と高まってきただけに、これからどのようにして対処するかが極めて重要な「避けることの出来ない課題」として浮上してきている。

第4次産業革命は『革命』と言われるだけの物凄い猛威を振るいながら、今まで永年にわたって築き上げてきたelectronics産業の枠組みをぶち壊し、既成概念を木っ端みじんに打ち砕いた上で、全く新しい産業秩序を構築した。だからこそ我々は、なんとしてでもこの『新しい波の本質』を正確かつ確実に捉えなければならない。その上で失敗することなく、この新しい波を乗り切るだけの体制作りを成就しなければならない。

日本のelectronics産業が弱体化してしまった主な理由は次の3点につきる。

(1) これまでのような「先端技術の開発」や「工場中心のものづくり」で競争力が決まる時代が、完全に過ぎ去ってしまったこと。

(2) 「globalなbusiness構造へのshift」や「競争ruleを決める仕組み」で競争力が決まることになった時代がついに到来してしまったこと。

(3) 技術の伝播や着床speedをcontrolする「知的財産management」並びに「国の制度設計」で競争力が決まる時代に、世界の市場が完全に移行したこと。

このような時代の変化に日本のelectronics産業はついていけなかったのである。software重視の製造業では、製品設計にmicroprocessorと組み込みsoftwareが深く関与し、製品の主たる機能がsoftwareによって牛耳られるようになる。

100年に1度の産業構造転換が最初にelectronics産業を襲ったのは、製品設計にsoftwareが取り入れられることとなったからである。今後IOTやIndustry 4.0が続々と作り出す競争ruleの出現によって、これまでの常識が通用しない経済環境が、自動車産業にも素材産業にも拡大していくことになる。

１９７１年microprocessor（ＭＰ）が出現し１９９０年代から産業面での構造転換が始まった。その後ＭＰの性能を支える半導体deviceの微細化技術が加速度的に進歩し、世界の産業systemが変革され、世界の人々の生き方までをも変えさせている。

ベテラン技術者が試行錯誤の末、完成された「すり合わせknow-how」のすべてが、組み込みsoftware内に蓄積され製造装置の中に取り込まれた。この結果、技術のすり合わせknow-howがなくても、この装置を導入しさえすれば量産が可能となった。

globalizationが進展していく中で、先進国型製造業が自らを守り抜くためにやらねばならぬことは、「技術や製品のinnovationが生み出すcore領域」を国内に残し、「非core領域を担う新興諸国の活力」を自国に取り込む仕組みを作ることである。

欧米企業はこの仕組みを１９９０年代に完成させたために生き残れたのである。

21世紀の製造業では、製品innovationの主役が、それまでのhardware主導から技術革新のspeedが速いsoftware主導へと移っていく。この結果、世界中の人たちの知恵と経験とが、internetによって瞬時にglobal市場へと伝わっていき、たちまち全世界の人々に共有されるplatformが出来上がる。企業はこれを活用している。network に繋がる機器は、１９９２年にはＰＣ約１００万台であったが、それが１９９６年には１０００万台、更に携帯電話やスマホに繋がりだした２００８年には10億台となり、２０１３年には30億台を遥かに突破した。それが２０２０年には３００億台（世界の人口の4倍）へと急増し、その結果世界が想像すら出来ないくらいに様変わりするようになる。

cloud 側に配置された service ならびに世界中の人たちが生み出す新たな service が、製造業のあり方のみならず、人々の life style までをも根本的に変えていく。

技術や知的財産だけではなく、ものづくりさえもが瞬時に国境を越えていくことになるのが globalization の本質である。

１９９６～２０１１年までの日本全体の研究開発投資は約２００兆円にも達しているが、この内の約60兆円が財政資金からである。この額はＧＤＰ比で世界一であったが、それにもかかわらず製造業の雇用者数は、１９９０年代の初期の１５００万人から２０１３年には９５０万人にまで35％も減り、その結果地方経済の疲弊が急速に進行した。

筆者は今後わが国が衰退へと向かうのではないかと見ている。その理由は次の通り。

(1) 世界の先頭を走っているアメリカ経済は極めてダイナミックであり、新しい動きと共に上位50社の顔ぶれが二十数年間にガラリと変わっている。つまり、ベンチャーが続々と誕生し、この期間内に大会社入りを果たしているくらいである。

(2) このような実績を見せ付けられると、アメリカの前途有望な若者たちは安易な就職を望まず、己の実力を試すために果敢に勝負しようとすることとなる。つまり、アメリカ社会では依然としてAmerican dream追求の気運が高い。

(3) これに反して、日本では最近の上位50社のmember会社を見ても分かるとおり、dynamismは少しも感じられず、二十数年前の企業がずらりと並んでいる。このような国では起業化へと乗り出す機運は起こりようがない。

(4) その上、国際競争に負け続けて意欲を失った日本の大企業の多くは設備投資に慎重になり、内部留保に努め、利益をひねり出すために非正規社員数を増やすと同時に正社員の給与もこの十数年間カットし続けている。

(5) アメリカでの人事制度は第2次大戦中でも極めてflexibleであり、将軍は少将どまりにした上で適材適所を実現する際には有能な人物を一挙に大将へと引き上げ、終戦と共に元のrankへ戻している。会社でも有能な人物は若くても一気に登用させるだけのその上登用に際しては情実のweightが高く、有能さよりも従順さが重視される。dynamismがある。しかしながら日本では下積みからコツコツと這い上がることとなり、

(6) わが国における非正規社員はすでに40％にまで達しているが、今のままならこの比率は更に高まるであろう。この結果、デフレは止まらず、人々は働く意欲さえ失っていくことになりそうである。

(7) 東芝に見られるように、業績不振な企業は隠蔽工作に終始し、目先の利益をあげたい会社は杭打ちの手抜きに見られるように、不当行為によって採算をとろうとする。立場の弱い従業員は言われた通りに従わざるを得ない。この結果、black企業までが続出しつつある。これからますますこのような不祥事が頻発するであろう。

第４次産業革命で世界はどう変わるのか？

ドイツとアメリカが推進している第４次産業革命では『ものづくり』が中心テーマとなっており、internet、ＡＩ、Robotが三大中核技術としての役割を果たしている。

これらの工場内では設備や機械類が相互に通信し合い、工程上の部品、半製品、製品間も相互に連絡し合っており、部品が欠品になると自動的に補充される。この試みは複数の工場同士での相互連絡へと広がり、更に進んで世界中の関連工場間での緊密な連携まで可能にしようとしている。その結果、記録係やcheck man等々が要らなくなる上に製造効率は一段と高まっていく。こうして第４次産業革命が完成する頃までには、所要人数が半減する見込みである。今後は保険関係の事務処理業務、銀行の窓口業務や企業での経理処理業務、商品の売り子等々がなくなる。

ところでドイツでは第４次産業革命は『顧客重視と人員削減』が二大目標である。

日本でのものづくりはmaker主導型であり、Industry 4.0では細分化された需要をそのまま受け入れ、mass customize生産（多品種大量生産）と省力化とを併せ機能させながら、少品種大量生産並みのコストで製造することとなる。

即ち『Industry 4.0』はinternetをフルに活用することによって、資材の調達から販売市場までをも統括しようとする『幅広い生産性向上運動』なのである。

日本と他のアジア諸国は共に少品種大量生産方式で競い合ってきたため、最近先方の労賃が値上がりし出したので、ほっとしている。しかし、米独ではそんな皮相な考え方を飛び越えて、低賃金をテコにしている新興諸国のものづくりを『internet活用型ものづくり体制』によって凌駕しようとしている。それだけにわが国としても出来ることなら彼らの水準を超えてまで『新たなものづくり体制』を確立し、世界の覇を競うまでにlevel upさせる必要がある。政府は目先の設備投資や賃上げだけに拘泥せずに、もっともっと基本的なこのような『次世代のものづくり体制』の確立へ向けて、あらゆるfunctionを総動員して、国家的な使命を全うさせなければならない。

第４次産業革命に関する総括的な見解

⑴ 第４次産業革命の戦いの火蓋はすでに切られており、わが国は否でも応でもこの戦いに勝ち抜かねばならない。この戦いは『Industry 4.0』ならびに『Industrial Internet』という表現でも明らかなように、焦点はindustryつまり産業であり、つきつめて言えば『製造業』そのものである。従って、わが国にはすでに自販機が全国至る所に勢ぞろいしている上に、POS systemがスーパーをはじめあらゆる店で使われているから、ＩＯＴの普及に関しては世界有数な国であるなどと思いあがってはならない。これらは「service業における特異な実例」にしかすぎず、「製造業の抜本的改革」とは直接的な関連がない。我々は製造業を中心にすえた上で「製造業におけるtotal value chain」をこそ問題にしなければならない。

⑵ わが国ではIndustry 4.0に対する認識も理解も極めて低く、そのためjournalismはこの問題を取り上げようともしない。中国でさえ一般の認識は日本に比べて圧倒的に高く、中国政府は積極的にドイツ政府とこの問題を巡って交流を続け、ついに両国間でIndustry 4.0を推進していく協議会までをも設立し、各種の運動を積極的に展開しつつあるほど

である。ところがわが国では、このような他国の動きの片鱗ですら報じられることはない。Industry 4.0へ向けた全国的運動を強力に展開していくためには、まずは国民全体の意識改革から始めなくてはならない。なぜなら投票を通じて政府を動かし、政府自身を刷新させることが重要だからだ。

(3) Industry 4.0が社会に根付き始めるのは2020年前後だが、一般的に普及するようになるのは2030年以降と推定される。つまり、今から僅かに5~15年後には本格化してくるが、Industry 4.0への移行過程で産業社会は大変革を受けることとなり、国民生活にも大きな影響が及ぶことになる。つまり、この競争に勝てば経済全体を大きく潤すことになるのだが、負けてしまえば経済は沈滞化の傾向をさらに一層強めていく。

(4) たとえ日本の自動車産業がIndustry 4.0時代を立派に乗り切ることが出来たと仮定しても、各社が採用するmoduleの殆どが海外企業製になってしまえば、日本の自動車産業全体としての付加価値は従来よりも遥かに縮小する。しかし、国内の1次下請けが頑張り抜き、2次下請け3次下請けと共に全世界の自動車産業に向けて、最優秀かつ最も競争力のあるmoduleを売り込むことに成功すれば、日本の自動車産業全体の付加価値は大きく膨らむ。それだけに今後の国際競争に関しては、部品産業共々勝利するのか、それとも組立産業だけが中心となり、部品産業としては蚊帳の外になってしまうのか、そのいずれかによって日本産業全体の規模は大きくもなり、小さくもなる。我々はIndustry 4.0に向けた戦いに勝ち抜かねばならない。

(5)これから僅か十数年間に、日本経済の規模は大きくもなり小さくもなる。それだけに政府はIndustry 4.0を如何なる政策よりも重視しなければならない。つまり、ことIndustry 4.0に関する予算に関しては潤沢な予算を投入するだけの覚悟を固める必要がある。今以上に財政負担をかけると、後世の人々にしわ寄せされる。

しかし、そのために財布の紐をきつく縛り上げ、必要な対策を打たないままにしておいて国際競争に負けてしまえば、後世の人々は奈落の底で苦しまざるを得なくなる。従って、はっきりとしたvisionの下で、やるべきことは毅然としてやり遂げなければならない。そのための予算は惜しみなく使ってしかるべきである。

(6)今やドイツとアメリカだけが競争相手ではない。中国もインドも共に「Industry 4.0体制を確立する競争では同じstart lineに立っている」とさけびながら、必死に取り組みつつある。特に中国はドイツと組んで着々と製造体制を強化している。それだけにわが国は中国に対する一方的な敵視政策をやめ、中国との友好関係を深めなければならない。衰えたりといえども中国は依然として大国であり、経済成長率が6％台に落ちてしまっても、GDPが半分以下でかつ成長が止まっている日本とは比較にもならないくらいに大事な相手である。だからこそ将来を見据えた戦略が必要不可欠である。

(7) 先で示したように、GDPに占める製造業の割合はアメリカ、イギリス、フランス等が10％を僅かに上回る程度なのに対して、ドイツと日本はその倍ほどの大きなweightを占めている。それだけにドイツは必死だが、日本もIndustry 4.0に対しては、せめてドイツ並みかそれ以上の努力を傾けなければならない。

我々はこの際、己を虚しくしてドイツの現実を直視し、ドイツの努力を学び取り、必要に応じてドイツから教えを乞いながら、先を走っている独米2カ国に追いつく努力を傾けなければならない。Industry 4.0はそれだけのことをするだけの値打ちが十分にある事業であることを、国民の一人ひとりがゆめゆめ忘れてはならない。

(8) 将来へ向けての発展にとって『産官学の緊密な連携による産業発展計画』は欠くべからざるものであるが、特にIndustry 4.0を成就させるためには必須不可欠となる。今こそ政府が各界に大号令をかけ、先頭に立ちながら全産業を強力に引っ張っていかなければならない。ところが残念ながら、政府自体にこの問題に対する認識度合いが驚くほど低い。そのため国民全員をひっくるめた運動にまで発展させることが出来たら、この動きに呼応する形で続々と各地に consortium が誕生し、多くの企業が相互に連携し切磋琢磨しながら Industry 4.0 の完成へ向けて dash することになるであろう。

(9)

ＩＴ時代に大発展をとげた日本経済はＩＯＴの時代に入るや急に元気を失い、ＩＣＴの時代には負け犬化しつつある。つまり、この二十数年間に経営者たちはすっかり負け犬根性にそまってしまい、将来へ向けての積極的な展開に踏み切れないでいる。つまり、内部留保をため込み投資を控えて無難一途の経営に終始しつつある。

時代毎に異なる日本人の特性と、時代適合性

筆者は何時の間にやら84歳になったが、呆けさえしなければ高齢は極めて貴重であり、歴史の流れをしっかりとtraceすることが出来る。物心がつくのが6歳頃だとすると、実に78年間もの長い間、この世の中の出来事を見極めてこられた。

門司に住んでいた小学生時代は戦争の真っ最中であり、関門海峡を通って次々と小艦艇が出撃していった。甲板には水兵たちが純白の水兵服姿で整列していたが、帰って来た時には艦艇は例外なく傷みが激しく、立ち並ぶ水兵たちも汚れ返り元気がなかった。

やがて空襲が激しくなり、敵機から投下される膨大な数の爆弾や機雷が空に舞った。超高空を飛来してくるB29にちっぽけな日本の戦闘機が舞い上がっていったが、じっと見ていたら機体はぱっと消えた。どうしたのかと思っていると敵機の胴体に赤い火が灯った。体当たりしたのであった。それでもB29は何事もなかったかのように悠々と飛行を続けていたが、やがて機体がバラバラになり空中に飛散していった。

門司港に集結した日本陸軍の出征兵士たちは、高い壇上から大声を張り上げる将軍からハッパをかけられていたが、その後で続々と輸送船内に消えていった。

それから僅か数年後、同じ港からアメリカ軍が進駐してきた。恐らく沖縄戦を戦い抜いた海兵隊員たちであろう。全員顔には黒いものが塗りたてられており、髭茫々でボロボロの服装をしており、膝小僧まで丸出しだった。その男たちが全員自動小銃を両手で持ちながら、何時でも射撃出来る構えで行進してきた。見上げるばかりの大きなトラックが併走していたが、後に続く膨大な物量に圧倒される思いであった。

そんなことから始まり、戦後の復興や高度成長、その後の転落までつぶさに世の中の動きを見てきただけに、78年間の歴史が自分の中でいつでも息づいている。

これだけの期間をそのまま折り返して遡ると、150年以上となり幕末にまで達する。

そう考えると、近代の日本史どころか世界史でさえ極めて身近なものに感じられる。

ところで、たった1枚の赤紙で召集された兵士たちには自由は全くなかった。

彼らは奴隷小屋に叩き込まれ、先輩たちから殴る蹴るの暴行をほしいままにされ、自由に考える気力をそぎ取られた。つまり人格を完全に無視されたのである。

彼らは「1銭5厘で集められた消耗品」として戦場に追いやられ、肉弾にさせられた。当時軍幹部たちは人の命の尊さなど一顧だにせず、命令に完全服従する奴隷兵をいくらでも投入すれば、必ず勝てると愚かにも思い込んでいた。

第1次世界大戦では欧州全域が戦場と化した。マジノ線での攻防だけでも無慮50万人もの兵士が命を落としたが、これを境としてそれ以降、戦いの様相は一変した。

戦いの成り行きを決めるのは歩兵ではなく砲兵となり、弾丸の数が勝負の分かれ目となった。つまり、歩兵の攻撃に先立ち、敵を圧倒するだけの大量の弾丸を的確に敵の陣地に撃ち込めるかどうかで、その後の勝負が明らかとなった。それと同時に、多数の戦車が登場して歩兵と共に前進するスタイルが一般的となった。

大量の大砲と無尽蔵な砲弾、それに加えて無数の戦車やトラック、召集された大勢の兵士たち等々を勘案すると、その金額は膨大になる。この結果、世界大戦は国家あげての総力戦となり、国家の産業力が戦いの帰趨を決めることが明らかとなった。

わが国は第1次世界大戦を経験していなかったために、この面での認識は低いままであった。しかし、ちょうどこの頃ノモンハン事件でロシア軍に叩きのめされた苦い経験をした。ロシア軍はこの時点で近代戦の何たるかを日本に示したのである。

日本軍が相変わらず一時代前の大砲や小銃で立ち向かったのに対して、彼らは最新兵器で近代戦を戦った。日本軍が決定的な敗北を喫したのは当然であったが、軍の最高幹部は敗北を連隊長の士気不足の所為だとし、連隊長を自殺に追い込んだ。

それればかりではない。敗戦の事実を隠蔽するために記録を一切残さず、また全く反省をしなかった。日本軍のこの悪習は太平洋戦争にも引き継がれ、ミッドウェイの大敗北をさえひた隠しにし、大部分の敗残兵は最前線に送られて戦死させられた。

その一方で、日本海軍は何時まで経っても「バルチック艦隊壊滅」という歴史的な大勝利に酔いしれた結果、「大艦巨砲主義」からついに抜け出せなかった。

陸軍大学、海軍大学を優秀な成績で卒業した者たちは最高の頭脳の持ち主と決め付けられ、とんとん拍子に出世した。また、平時では一流大学での成績が重視され、高文（後の国家公務員試験）の成績がその後の地位を決めていた。そうした教育を受けた者たちが戦争をおっ始め、無残な敗北を喫した。

しかし、この悪弊は戦後も変わらず、この国の政治は今もなお、こうした基準で上り詰めた上席官僚たちに牛耳られており、その上に無能な政治家たちがのっかっている。
これらを整理していくと「人間の能力評価基準の出鱈目さ」という結論となる。
人間には様々な能力があるが、これを思いつくままに羅列すると次の通りである。

⑴暗記力　⑵解析力　⑶判断力　⑷応用力　⑸創造力　⑹想像力
⑺予見力　⑻持続力　⑼解決力　⑽総合力　⑾瞬発力　⑿追求力
⒀学習力　⒁調整力　⒂行動力　⒃発想力　⒄折衝力　⒅語学力

このように能力は多岐にわたっており、これらの総合として人間の真価が問われるのだが、大学の入学試験では、『⑴暗記力』と『⑵解析力』だけが重要視され、その他の能力は全く問題にもされていない。だからこそ万全な人間を選んではいないのである。
それにもかかわらず、日本では若い時代のごくごく狭い範囲だけの能力判定によって、その後の人生が確定されているが、そんな判定を受けただけの人物がalmightyと見做されて政治の実権を握ったり、軍部の方針を決めているのは問題である。残念なことに、日本の社会ではこのような悪習がいまだに放置されたままになっている。

しかし、ある一定の限られた期間だけは、こうした欠陥がplusに働いており、その他の時代ではminusへと機能していることが多いように見受けられる。

問題なのはこれからの世の中を推定する場合、わが国で従来のようなしきたりを続けていけば、具合の悪いことが多くなりそうなことである。そうしたことを勘案しながらこれから先の時代の影響を、歴史の流れの中で見つめていくことにする。

近代社会に遅れて登場した日本は『明治維新』という画期的な大改革を立派に成し遂げたために、順調に滑り出した。これにもそれなりの訳と根拠がある。その根本的な理由は古い時代の支配階級とその制度をぶち壊したことであり、新しい時代を担う若者たちの大部分が非支配階級に属していたからであった。関ヶ原の合戦で負けた藩の士族たちは社会の下積みに置かれてしまい、士族は上士と下士とに二分された。

例えば旧土佐藩の武士たちは全員「下士」にさせられ、進駐してきた新生土佐藩の武士たちは「上士」として支配階級になった。その結果、下士は「切り捨て御免の対象」にすらなった。下積み生活に甘んぜざるを得なかった下士たちは、長年にわたって不条理な社会を改革すべく、ありとあらゆる努力を傾けながら懸命に勉強した。即ち、広く海外の事情をも学び取り、前時代的な日本社会を改造しなければならないと悟った上で、社会改革運動を起こしたのである。これに反して各藩の上士たちは既得権益に安住しながら、既存体制の維持存続を希っていた。つまり、彼らは日本を細分化した藩の存在をそのまま認めていたのだが、下士たちは『藩制を廃止した上で国家を統一すべきである』と、はっきり目標を決めていた。明治維新を実現させた原動力の内の9割以上が下士たちであり、残りの1割弱の上士たちは下士たちが唱える社会改革をよく理解していた。この二つの勢力ががっちりと手を組んだ上で実行したのが明治維新だったために、理想的な社会改革が実現したのである。

つまり、世界の情勢を的確に判断するだけの『⑶判断力』と『⒃発想力』とを有し、どのような段取りで事を進めていけば良いのかについての『⑹想像力』を持ち合わせ、実際に動き回るだけの『⒂行動力』があり、必要に応じてあらゆる人物と接触し口説き落とすだけの『⒄折衝力』を体得しており、もめた場合の『⒁調整力』を使いこなし、目指す目標に向けて突き進むだけの『⑼解決力』さえ持っていた。

つまり、彼らは全体として『⑴暗記力』や数式を見事に解くための『⑵解析力』以外の数々の才能を持ち合わせていたのであり、大戦中の軍幹部や失敗続きの政治家たちとは訳が違っていた。

太平洋戦争と敗戦後の超高成長時代

１９４１年12月8日、日本海軍はハワイ島に奇襲攻撃をかけた。この戦争をしかけたのは軍の最高幹部たちであり、為政者たちは彼らの主張に引きずられてしまった。

つまり、彼らは、国際紛争を解決するための『⑼解決力』に欠けていた上に、世界情勢を正しく見極めるだけの『⑶判断力』を持ち合わせておらず、彼我の経済力、軍事力に関する『⒀学習力』が乏しく、アメリカと戦ったらどうなるのかという『⑺予見力』すらなく、近代戦を戦い抜くための『⑹想像力』さえ欠如していた。

また失敗を成功に転じたり、相手の長所を学び取るための『⒃発想力』を持ち合わせていなかったために、無残な負け方を繰り返した。その上、全く挽回が不可能となり、後は負けるばかりだということが明らかになったにもかかわらず、そう見極めるだけの『⑶判断力』すらなく、『⑺予見力』にも事欠き、手を打つだけの『⑼解決力』もなく、『⒄折衝力』すら持ち合わせていなかった。その結果、何時までも経っても戦争を終わらせることが出来ず、内地での被害は日増しに募り、ついに原爆まで落とされ、ソ連を参戦させてしまったのである。

これに対してアメリカは日本との開戦に先立ち、日本本土爆撃のために超大型爆撃機Ｂ29の開発をstartさせ、原爆開発にも踏み切っていた。その上に暗号解読のために１５００人もの優秀な技術者を配置しながら、日本の動向をきめ細かく探索していた。

彼らは日本軍が戦争をしかけてくるに違いないと想定し、３種類の案を纏めあげた。

それらは、①艦隊決戦、②Guam, Philippineの要塞化、③Island Hopping作戦であった。その結果、最も現実的な③の『飛び石作戦』に集約された。

これは制空権、制海権を奪った上で、島嶼を一つ一つ攻め落としながら日本本土へと迫る作戦であり『Orange Strategy』（オレンジ戦略）と名づけられた。これに対して日本はあくまでもアメリカが艦隊決戦をしかけてくると信じ込み、まずは潜水艦を初期の掃討作戦に投入し、ついで駆逐艦その他の小艦艇が捨て身の攻撃を行い、敵兵力が削減された時点で戦艦を主力とした本体が決戦を挑むことにしていた。

これに反してアメリカ海軍は、潜水艦に対して日本の補給路を絶つことを主目的とした。その結果、日本の商船隊は次々に撃沈され、物資輸送が行き詰まった。日本軍は開戦当初だけは予想外の勢いで突進したものの、その後の方策がなかったのである。

ここで詳しく戦争当時の日米の根本的な差異について言及したのは他でもない。

これだけの彼我の政策立案上での大きな隔たりが現在もなお厳然として残っており、それが未来にも重大な影響を及ぼしているからである。こうした分析を行うのは、これから迎える第4次産業革命時代に日本が果たしてどう対応するのかを見極めるためである。

第1次産業革命時代は第2次世界大戦が終わりを告げた時点まで、実に1世紀半にもわたって延々と続いた。戦前はブロック経済が支配的であり、植民地を持っていた国々が圧倒的に有利であり、持たない国は劣勢を免れなかった。このため、日本は独伊と組んで「植民地再分割戦争」を始めたのだが、戦争が終わると世界情勢は一変した。その最大の原因は「米ソの対立」であった。世界を二分するこの激突は資本主義諸国を結束させ、自由主義陣営内での貿易自由化を余儀なくさせた。

この結果、無資源国家でも復活出来るchanceが与えられただけではなく、無資源国家だからこそどこからでも自由に最も安い原材料や食糧を買い求められるようになり、また世界中どこへでも製品を売り捌けるようになった。その上に原油価格が極めて安価のままで据え置かれ、巨大化し続ける超大型船舶が運送costを低落させた。また日本では戦後1米ドル＝360円に設定されたことと、優秀で豊富な労働力の賃金が国際比価上極めて安かったために、全体としての国際的競争力は群を抜いていた。この当時の日本はただひたすら先進諸国から技術を導入することだけが強調され、独創的な開発は影をひそめた。導入された技術を次々に改良することによって、日本独特の効率的な生産が世界の注目を集めた。

このようにして、日本にとっては戦前まで抱えていた多くの難題が解決した上に様々な好条件が重なり、願ってもないような幸運に包まれたのである。

ただ一つの大きな問題は大規模設備投資のための莫大な費用の捻出であったが、世界銀行はじめ主要国は極めて好意的であった。この時代の為政者に要請されていたのは、

①どこから巨額の設備資金を集めれば良いのか？
②どのようにすれば先進諸国に追い付くことが出来るのか？
③産業間のバランスをどう調整すれば良いのか？

であり、一方経営者にとっては、

①どう社内を纏めていけば良いのか？
②大規模投資のための資金をどう獲得すべきか？
③先進諸国の技術を効率的に導入するためにはどうすべきか？

④生産性の一層の向上のためには、どのような対策を打てば良いのか？

等々であった。

しかし、こうした諸々の方策や決断に際しては格別難しい問題は起こらなかった。なにしろすべてが順調に推移しているために「順風に帆を掲げる」のに似た安心感があった。つまり、為政者にとっても企業経営者にとっても、環境の好転によって多彩な才能は必要としなかったのである。このような諸条件が幸いして、日本経済は折からの順風に帆を張りながら大発展していったのであった。しかし、敗戦の惨状から戦後の復興に至る過程が何ごともなく推移した結果、日本独特の短所を根絶させてしまう機会を逃してしまい、その結果再び同じ過ちをしでかすようになったのである。

本来は戦争に負けた段階で、大敗北の原因をきちんと突き止めるべきであった。

そうすれば大学での成績だけでその後の出世が決まり、総合的な能力に欠けていても国家や企業の舵取りを任されたり、軍隊を自由自在に動かすことが出来るという仕組みそのものが見直されていたことであろう。しかし、何時の間にか時代が変わってしまい、それまでの欠陥だらけの昇進制度のままで、戦後の日本が急成長したために、この問題の解決は見送られてしまった。

この結果、electronicsを起爆剤とする第2次産業革命時代だけは何とか無事にのり切ることが出来たのだが、ITが威力を振るう第3次産業革命時代になると日本勢は急速に衰えを見せ、国際競争に負け続けることとなり、実に二十数年以上にも及ぶ停滞期へと転落してしまうことになったのである。そのような過程を経ながら、これからいよいよ第4次産業革命の時代へと移行していくこととなるのだが、わが国は旧態依然たる体制のままで、これからの試練を乗り越えていかざるを得ないこととなる。

ところで昭和の日本海軍は、明治の日本海軍が世界無敵と言われていたロシア艦隊を物の見事に全滅させたために「日本艦隊は世界無敵だ」と思い込んでしまった。

この発想方法と全く同じことが戦後の産業界でも見られる。即ち、第3次産業革命時代に突入したにもかかわらず、第2次産業革命時代に日本の産業界が大発展を遂げたという事実から「日本の産業力は世界最高だから、思い切って大投資を敢行すれば必ず成功する」と思い込んだ経営者がいくらでもいた。その典型的な事例は前述したように、堺での液晶ディスプレイの大投資を敢行したシャープであり、尼崎でプラズマディスプレイの巨大工場建設に踏み切ったパナソニックである。両社ともに、大敷地内に下請け関連企業を呼び集めた上で垂直一貫の大量生産体制を築き上げた。これこそは第2次産業革命時代の『典型的な成功モデル』であった。これらの企業の経営幹部たちは時代がすっかり変わったにもかかわらず、同じような方式を採択すれば勝てると思い込んだのである。つまり、これら企業のトップは『(1)暗記力』と『(2)解析力』以外の多彩な才能など全く持ち合わせていなかったのである。

ところが時代は激変していた。ＩＴが猛威を振るうにつれて「ものづくり」は地球上に多角的に展開するようになった。つまり、製造工程毎に最適地域がどこになるのかを仔細に検討するようになった結果、「ものづくり」が地球上に分散されるようになり、これらを巧みに連結させることによって最終製品が得られるようになった。

その結果、ＴＶはパネル部分とその他さまざまな部品群とに細分化され、あらゆる地域で量産された最安値の部材を寄せ集めることによって、最もコストの安い製品が生み出されるようになったのである。

このため、アメリカの業者は誰一人としてパネルの製造には乗り出さなかった。

彼らは日本や韓国がパネルの大増産にのめり込んでいるのを確かめながら、過当競争の結果いずれ大々的な投げ売りが始まるに違いないと読んでいたのである。

第4次産業革命時代の到来と日本の産業界

太平洋戦争を始める前、日本軍の最高幹部たちは「大国ロシアでさえ打ち負かしたのだから、アメリカだって倒せるだろう」「勝ち負けはやってみなければわからない」というい加減な考えの下で奇襲攻撃を敢行した。それと全く同じように、日本人の多くは戦後の超高成長で過剰な自信を持ったために「日本人は優秀だから、いずれ経済は復活する」と思い込んでいた向きが多い。しかし、明治時代と昭和時代との根本的な差と同様、昭和50年代以降の二十数年間と現在とでは時代背景がまるで違う。

それどころかかつてのplus要因が軒並み消滅し、逆にminus面へと転化しているcaseが多い。世の中では時代の変化に応じて諸情勢がガラリと転換してしまいがちであり、その時々の時代背景によって産業間の国際競争力が微妙に変化する。

日本経済は1950年代～1970年代にかけて、世界を驚嘆させるような大発展を遂げたのだが、１９９０年代～２０１０年代にかけては殆ど浮上出来なくなってしまった。
この違いの代表的な事例に関する根本原因を比較検討すると次の通りである。

	(A)	(B)
為替	超円安	円高
原油	安価	高価
労働力	豊富	払底
労賃	割安	割高
運賃	低落傾向	高位定着
生産性	右肩上がり	横ばい
新製品開発力	あり	貧弱

(A)１９５０年代～１９８０年代にかけて　(B)１９９０年代～２０１０年代にかけて

つまり『為替』については、現在は超円高（70円台）から１００円前後へと戻りはしたが、それでもなお(A)の時代に比べれば円高であり、『原油』も値下がりしつつはあるが、それでも(A)の時代よりは高い。一方、労働力に関しては(A)の時代よりは明らかに条件は悪くなっており、従って労賃は割高になっている。この問題を解決するために、非正規社員を増やしており、ついに４割の水準に達した。運賃は安い上に低落傾向にあった(A)時代とは異なり、現在は遥かに高くなっている。

生産性に関しては、増産に次ぐ増産に沸いていた(A)時代には年々大幅に引き下げることが出来たが、一旦生産が伸び悩んでくるとなかなか下がりにくくなる。

それらの中で最も重要なのは新製品の開発であり、(A)時代の日本では製品改良が目立っていたが、(B)の時代に入ると、iPod、iPad等々で代表されるような意表をついた『画期的な新製品』がアメリカから続々と発表されるようになり、そうした新製品が世界の需要を独占しつつある。つまり、ITがますます進化するにつれて、ITがらみの新製品が世界中の需要を総なめにするようになってきているのだが、日本からはこの種の画期的な新製品が登場するcaseは殆どないというのが悩みの種である。

この機会に日本における株式時価総額上位50社(A)（152頁表5）を掲載することとする。これを既に掲載した世界における株式時価総額上位50社(B)（65頁表4）と比較すると次のような特徴が浮かび上がってくる。

(1) (B)の中身は20年間ころっと変わってきており、急成長したベンチャーの姿がやたら目につく。つまり、時代の流れとともに選手交代が凄まじい。

(2) その中でもやはりアメリカオリジンのベンチャーの姿が圧倒的であり、アメリカという風土と物の考え方ならびにベンチャーが育ちやすい環境にあることがよく分かる。この場合にもシリコンバレーの存在が光り輝いている。

(3) ところが(A)の中身は20年前と殆ど変わっていない。つまり、名だたる大企業がずっとその地位を保持し続けており、新規参入を難しくしている。

(4) 20年後には(B)の構成memberががらりと変わっていることであろう。それに対して(A)のmemberの大部分は居残っているだろう。

日本における株式時価総額上位50社

日本の上位50社の中では今もなお『ものづくり』のweightが極めて高い。従って、この上位50社を中心とした社会を活性化させようとしたら、ものづくりの改善と活性化に注力すれば良い。しかし、世界での上位50社を一瞥しただけでも気づくように、そこには自動車関連企業はただの1社だけである。従って、社会変革の決め手はものづくりの強化拡充だけではなく、

①如何にして世界の新規需要を捉えられるような新製品を創造した上で世の中に送り出せるようになるのか？

②情報社会に相応しい機能を持つベンチャーを、国家ぐるみでどれだけ多く創りだせるか？にかかっている。

表５　日本における株式時価総額上位50社

全世界の順位と比較するため、2015年末の数値を採択した(単位は兆円)。

1位	トヨタ自動車	25.72	26位	アステラス	3.83
2位	三菱UFJ	11.39	27位	三菱地所	3.57
3位	NTT	9.79	28位	日立製作所	3.56
4位	NTTドコモ	9.75	29位	ブリヂストン	3.54
5位	JT	9.03	30位	東京海上	3.51
6位	日本郵政	8.99	31位	パナソニック	3.38
7位	KDDI	8.10	32位	三菱商事	3.27
8位	ゆうちょ銀行	8.03	33位	花王	3.12
9位	ソフトバンク	7.65	34位	三井不動産	3.10
10位	ホンダ	7.32	35位	信越化学	2.98
11位	三井住友FG	6.71	36位	ヤフー	2.97
12位	みずほFG	6.20	37位	三菱電機	2.95
13位	日産自動車	5.73	38位	野村證券	2.81
14位	デンソー	5.20	39位	日本電産	2.79
15位	ファストリ	5.04	40位	三井物産	2.74
16位	キャノン	5.02	41位	任天堂	2.68
17位	7&I	4.92	42位	クボタ	2.60
18位	武田薬品工業	4.74	43位	OLC	2.58
19位	JR東日本	4.60	44位	ダイキン	2.58
20位	ファナック	4.59	45位	富士フィルム	2.55
21位	JR東海	4.44	46位	第一生命	2.55
22位	村田製作所	4.33	47位	伊藤忠	2.49
23位	富士重工業	3.99	48位	中外製薬	2.42
24位	キーエンス	3.98	49位	小野製薬	2.40
25位	ソニー	3.95	50位	大塚HD	2.39

日本が何時まで経っても現状から完全脱皮出来ないまま推移していけば、明日の社会は惨憺たるものとなろう。

日本の問題点は少子高齢化だけではない。それよりも『新時代の波に乗れていないこと』こそが最大の問題である。

これから先の社会をどう見ているのか？

１９８９年末時点における世界での株式時価総額rankingでは、日本の企業が上位10位の中に7社も入っていたのだが、それから26年しかたっていない２０１５年末には、なんと上位１００社の内、僅かに4社しかなく、しかもトヨタ自動車こそ22位に留まっているが、他は77位、92位、99位と最下位に近い。日本経済が停滞していたこの二十数年間に世界の主要各国はそれぞれに伸びており、その結果日本企業の国際的な地位は驚くほど低下してしまっている。

ここまで下がった裏にはそれなりの理由があるが、26年間かけて没落してきたこの傾向は今後とも続くので、世界の中でのrankingは今後とも沈下していくこととなる。そうなると今後20年、つまり２０３６年頃までには更に一層惨めな結果になっているものと推定される。そ

こまで落ち込めば、社員の全員を非正規にしなければ採算はとれなくなるのではなかろうか？

『要約編』で述べたように、筆者は今を去る22年前の１９９４年に「今後日本経済は凄まじい勢いで沈み込んでいくだろう」「そのため庶民もそれなりの覚悟で将来に臨む必要がある」と警告を発した。そして自ら必死で将来に向かう対策を練り上げ、実行に移した。その結果、なんとか目的を達することが出来、一安心出来る体制を整えることが出来た。**しかし現在はその時よりももっと厳しい危機感をもって将来を見つめている。**今後は孫たちの将来に対する備えが必要となる。この頃には日本経済は更に一層厳しい状況に置かれるであろうから、心身面で多少なりとも問題を抱え込めば、たちまち会社からは追い出され、その結果生活の糧を得る手段を失いかねなくなる。

不幸にも韓国はアメリカ流の社会構造・経済構造を手本にせず日本を見習った結果、現在日本的な経済不況に苦しみ続けている。この国では「恋愛も結婚も出産も諦めざるを得ない世代」を『3放世代』と呼んでいるが、更に「人とのつきあいを自粛せざるを得ず、寝泊まりする場所すら持てない」状況に追い込まれたら『5放世代』と呼ばれるようになるのだという。

韓国政府のまとめによると、２０１５年末の1時間当たりの賃金水準は、大企業の正社員を

１００とすると、大企業の非正規社員で64、中小企業の正社員なら52、中小企業の非正規社員になると35になるとのことである。韓国でも日本でも中小企業の数が9割以上を占めるので、まさに貧しさが国全体を覆い尽くすこととなる。

日本ではこの種の統計が発表されないために詳しくは分からないが、ほぼこれと同じような状況に追い込まれることになるであろう。これに対して台湾は独自路線を強力に邁進しつつあり、特に半導体分野での積極投資ですばらしい業績をあげつつある。

１９８０年代、日本企業数社はアメリカの半導体市場に雪崩れ込み、完全制覇を果たした。この結果、日本は『半導体王国』とまで呼ばれるようになったのである。

この成功によって日本は、第2次産業革命時代の起爆剤であるelectronics産業分野に王手をかけたかに見えた。ところがその後の過当競争によって半導体の価格が暴落すると同時に、全ての企業がたちすくんで追加投資を見送ってしまった。

つまり、日本企業の経営陣は長期戦略など一切持ち合わせておらず、ただ単に目先の利益に拘泥しながら短期決戦に血眼になっていたのであった。

そのような状況の中でも台湾企業の考え方はまるで違っていた。九州を僅かに上回るほどのちっぽけな地域にいながら、**彼らは半導体がまごうことなき成長品種であり、腰をすえて重点指向すれば間違いなく大規模受注に繋がると確信していた。**

将来の世界市場では部品の分担生産が既定路線となるだろうから、なんとしてでも大規模量産体制を確立させ、良品質の半導体を競争力のある価格で提供する体制を整える必要があると固く信じ、全社をあげて突進したのである。その結果2015年末には、台湾の2大makerだけで世界の半導体需要の3分の2を確保するまでに成長させた。

即ち、最大のmaker ＴＳＭＣ（台湾積体電路製造）のシェアが53・7%、ＵＭＣ（聯華電子）のシェアが9・9%を占めるまでになったのである。ＴＳＭＣは２０１５年12月7日、投資総額約３７００億円を投じて、南京市（中国）にスマホ向けの半導体工場を建設すると発表したが、稼動開始は２０１８年下半期である。同社の中国向けの売上高は、驚くなかれ過去5年間に年率50%以上もの勢いで急成長している。

一方、ＵＭＣもまた福建省アモイ（中国）で約７６００億円かけてロジック半導体の大工場を建設中であり、２０１６年7~9月期の稼動を見込んでいる。

２０１５年における中国の市場規模は約13兆円強（対前年比＋10%）であるが、２０１９年には18兆円へと更に大きく伸びる。先般来、中国台湾両首脳の会談が初めて実現したが、その裏にはこのような事情がある。中国では目下先進諸国からの投資が激減しつつあるので、このように台湾企業がこぞって大規模に中国に進出する傾向は有難い限りなのである。

第２次産業革命時代の本命であった製品や品種の中でも、このように今もなお猛烈な勢いで伸びつつある製品や品種はいくらでもある。それにもかかわらず、長期戦略を持たない日本企業は折角手に入れた宝を何時の間にか手放してしまい、半導体分野からは次々に撤退してしまった。このように、日本の行き方を踏襲した韓国と、日本の轍を踏まず独自路線を貫いた台湾とでは、大きな差が開いてしまった。

現在話題しきりの東芝は、その昔日本半導体業界の最右翼勢力であった。それにもかかわらず次々に撤退を繰り返さざるを得ない立場へと追い込まれており、一時は隆盛を極めたＰＣも本体から切り離さざるを得なくなっている。次々に負け戦を繰り返しているにもかかわらず「損が出ても利益を出せ」と叱咤激励し続ける３人の社長の下で、名門企業は完全に誤った路線を歩み続けてしまったのであった。

世界全体のelectronics産業の輸出総額にしめる日本のshareは、２０００年には12・２％だったが、２０１４年には４・４％にまで低下している。その一方で韓国と中国は、２０００年には共に４・７％だったが、２０１４年にはそれぞれ5・8％、24・3％となっている。つまり、この14年間に日本と中国との立場は完全に逆転してしまったのである。

現在の世界を直視しながら問題点を探る

筆者は今より53年前から48年前までの丸５年間、ドイツに滞在し家族旅行だけでもヨーロッパ全域約５万㎞を走り回り、全欧州38カ国の内35カ国を歴訪した。

この当時、ヨーロッパ各国の経済はたいした問題を抱えず比較的順調であり、地域毎にそれぞれ魅力的で旅人を楽しませていた。国境を通過するにあたっては、幹線道路だけはpassport検査をしていたが、その他の道路では役人が小屋の中で座り込んだまま出てこず、手をふって「行け」と合図していた。検査するのが面倒だったのだ。

その当時のヨーロッパはそれほど牧歌的な雰囲気を漂わせていた。そのような中でイタリア、スペイン、ポルトガル等々の南欧諸国はそれぞれ独自の通貨を守り抜いており、外国から大勢のお客を呼び寄せられるだけの為替相場を、各国政府が自主的に決めていた。そのため南欧各地では物価が驚くほど安く、一方ドイツマルクの値打ちは高かった。

つまり、彼らは自国通貨の値打ちを上下させることによって輸出を伸ばし、お客を集め、逆

に輸入を抑えながら経済を運営していたのである。こうしたflexibleな為替操作によって、なんとか満足のいくような経済状況を保っていたのである。その結果、その当時には失業率も今ほど高くはなく、庶民たちはのんびりと満足しながら暮らしていた。

今を去る十数年前、日本政府は高齢者たちに対して『シルバーコロンビア計画』なる海外移住計画を作り上げて、しきりに移住を勧めた。その時の移住対象先にはスペインもポルトガルも含まれていた。多くのシルバーたちがこの計画に賛同し、遠くヨーロッパの地へと旅立って行った。しかし、この頃は移住先の国々は自国通貨を堅持していたため、日本円に対しては割安であり、その結果南欧では生活がしやすかった。

しかし、ユーロに切り替わったために物価がいきなり高騰することになり、移住者たちの生活はたちまち苦しくなった。それかといって、おいそれと帰国することは出来ない。

なぜなら移住した多くの方々は日本でのmy homeを手放していたために、日本には帰るべき家がなかったからである。このように欧州統合が実現し、ユーロ圏内での通貨が統一されてしまったので、通貨統合前と後とではあらゆる事情が大きく変わった。

筆者は帰国後もほぼ毎年のようにヨーロッパ各国を訪れており、最新年次の高級車をrentalして2000~3000㎞は走り回っている。これには年々開発される欧州車の性能チェックをかねている。しかし、南欧諸国ではユーロへの統一と同時に、物価がいきなり上がってしまったために、昔のような満足感は得られなくなった。

このように通貨統合には初めから無理があり、南欧諸国はそれぞれに苦しみぬいている。そのような状況を今のところはなんとか抑え込んでいるが、このままの姿で何時までも推移するとは到底考えられない。ヨーロッパ各国で通貨価値が一本化されてしまうと、域内で最も競争力のあるドイツ一国だけが栄え、他の国々は割を食ってしまい元気がなくなるのは当然の結果である。

スペインでは失業者は25%を超え、若者は2人に1人以上が失業しているほど状況は良くない。ポルトガルでも事情はほぼ同じであり、イタリアはこれら二国よりは若干ましだ。最近ギリシャには行っていないが、経済状況はスペインやポルトガルよりも更に悪いことだけは間違いない。ギリシャを再び訪れなくなったのにはそれなりの理由がある。驚いたことにアテネ市内の空気は極端に悪かった。石油精製の仕方が劣悪であり、ガソリンに不純物が沢山残っていた。そのため、目と喉をやられてしまい、致し方なくクレタ島に飛び、遺跡巡りに明け暮れることにした。そんな経験があるので二度とギリシャを訪れる気にはなれない。

ところで全欧州の中で比較的好調なのはドイツとイギリスだけだが、これらの国々における企業の経営者たちは、近隣諸国の低賃金労働者たちをかき集めて安くこき使っている。ポーランドやポルトガルには英独向けに労働者を派遣する会社があり、寄せ集められた低賃金労働者たちは大挙してそれぞれの向け先国へと送り込まれている。賃金は日本円で月10万円台であり、その上社会保障がついているcaseは殆どない。

彼らは故郷を遠く離れた異国の地で不自由な生活を強いられながら、労働災害に遭うcaseが少なくない。大怪我をすればすぐに解雇され、祖国へと送り返される。

働く場所が自国内になければ、こうした出稼ぎをするしか他に方法がないのだ。

そのような状況のために、目下噂されているシリア方面からの移民たちについても、ドイツ以外の国々では受け入れるだけの余裕はなく、自国民の世話だけで精一杯だ。

半世紀前、ドイツへフランスへとアラブ地域から大勢の労働者たちが呼び集められ、道路工事や建設工事に従事していた。ヨーロッパ経済が順調だった時代には、異国の労働者たちの賃金も比較的ましであり、紛争は起きなかった。しかし、それから長い年月が過ぎ、これら異国の労働者たちの2世が正式に国籍を取得し、働き盛りになった頃には経済が横這いとなり、就職に際して肌の色の違う人たちが差別されだした。目下フランスとドイツには、それぞれ500万〜600万人ものイスラム教徒を抱え込んでいるため、これらの国々での社会的な苦悩や軋轢はこれからも続くこととなる。

日本社会の矛盾と復活の可能性について

世界の上位50社と日本の上位50社とを対比すれば、二つの違いがはっきりする。即ち、世界の上位50社の顔ぶれは二十数年間の新陳代謝の激しさを如実に物語っており、new faceが半数以上にも及んでいる。それに対して日本の上位50社では二十数年前と顔ぶれが殆ど変わっておらず、古くから存在している企業ばかりだ。

時代がdynamicに移り変わればmember changeが当たり前なのだが、二十数年経っても日本は旧態依然のまま変わろうとすらしない。取り立てて1社挙げれば『日本電産』だけとなる。ソフトバンクはuniqueな発展を遂げつつあるが、それは孫社長の類い稀な個性の結果である。つまり、この方は優秀さという面で文字通り型破りの日本人であって、この方を一般の日本人の範疇に入れるわけにはいかない。つまり、純粋な日本人の中からこの人ほど傑出する人が簡単に現れてくるとは考えられない。

日本電産は永守重信社長の才能発揮によって大発展しつつあるが、これに追随する企業は見当たらない。つまり、傑出する人物が登場する可能性は驚くほど低い。

第2次産業革命時代に大活躍した日本産業界は、この時代特有の様々な好条件に大きく後押しされたために著しく伸びただけであって、卓越した経営能力の結果で伸びたわけではなかった。だからこそ、第3次産業革命へと時代が移り変わったにもかかわらず一向にnew faceが現れることはなく、また業績の伸びも大したことはない。

日本では勇ましく新しい時代を乗り切るような人材が出てくる気配は少なく、新しいジャンルを切り拓いていくだけの気力や才覚を持ち合わせている人材もいない。

ただし、最近は大学在学中からベンチャーを立ち上げ、uniqueな製品を生み出している人材がちらほら出てきているようではある。このような動きがいくつかの点の集まりから、集団への動きへと繋がりだすようだと、今後の日本に期待が持てることとなる。そうなることを、ただひたすら祈るばかりである。

ところで過去二十数年間にわたって高卒や大卒たちの就職がよく話題となっている。

今まで就職氷河期と言われる期間が結構長く続いた。その所為もあり、自動車会社以外では好調な企業はあまりなく、その上ベンチャーが華々しく活躍している姿を見かけることも殆どない。そのような雰囲気の中ではchallenge精神など起こりようもない。そのため学生たちは、出来れば大企業の正社員として採用してもらいたいという気持ちに傾きがちとなる。そうすれば無難な一生を送れそうに思われるからだ。

その結果、一流大学で優秀な成績をおさめた学生たちは、そうした限られた狭き門へと殺到していく。つまり、成績優秀な学生たちは根こそぎ大会社へ吸い取られ、飼い殺しにされる。なぜなら、大企業に入れば20年ほどは大きな歯車の一部をあてがわれるだけにしか過ぎず、ただひたすら上司の命令に従って毎日毎日の業務を着実にこなしていくだけの日々を過ごすことになるからであり、そうこうしている内に何時の間にか定年を迎える。大会社への就職が無理な若者たちは致し方なく中小企業へと流れ込んでいくが、それらの企業では経営が苦しくなると簡単に整理される。

不安な人生を歩まざるを得ない立場に追い込まれる人たちが増えてくると、結婚しなくなったり結婚しても子供を作ろうとはしなくなる。そのような状況下ではローンを組むわけにはいかないので、車も家も買おうとしない。

　その結果少子高齢化傾向がますます進んでいくこととなる。

　大会社の正社員になれたら万歳なのかというとそうではない。現在、正社員は極端に減らされているため、過重な仕事を押し付けられており、残業につぐ残業が当たり前となっている。また、同じ企業に派遣されて来ている非正規社員たちは「同一労働、同一賃金」というsloganが守られていない状況の中で苦しみ悶えている。そのような状況下に置かれると、愛社精神どころかなんとか鬱憤を晴らしてやりたいということになり、内部告発が頻発するようになる。東芝の不正極まる経理処置が摘発されたり、マンション建設に際する杭打ちの手抜きが暴かれるようになった原因は全て内部告発である。


　経済状況が思わしくない上に不況を突破出来るだけの経営力がなければ、企業は苦し紛れに粉飾決算に走ったり、手抜き工事で採算上の辻褄をつけようとするようになる。また水商売ではブラック企業が続出するようになり、その結果追い詰められた若者たちが死に追いやられている。日本では多くの企業が八方手詰まりの上に先行きに自信が持てなくなっているため、設備投資を控えて内部留保を手厚くし、非正規社員を増やした上で正規社員の給与までをも切り下げている。こうすれば赤字決算を免れられ、経営責任を追及されなくなるからである。しかし、こんな傾向が一般的になれば、経済は縮小均衡から抜け出せなくなり、日本経済全体のお先は真っ暗になる。

わが国ではただ一業種自動車産業だけが極めて好調であり、この業種が日本経済を引っ張っている。その証拠にもしもこの業界がzero成長になると、たちまち経済成長率はminusへと転落する。しかし、今まで好調を極めたこの業界にも暗雲が漂い始めた。その一つが『超高機能module』の登場であり、もう一つが『第4次産業革命』であるが、それを可能ならしめているのは『超高性能センサー』『人工知能（AI）』『高度に発達したIT』の三要素である。従来、自動車産業は組立産業を頂点としながら、関連部品企業群を1次下請け、2次下請け、3次下請けとしてガッチリと組み込みながら独特のhierarchyを堅持していた。

その上で1次下請けとは特に緊密な関係を維持しつつguest engineerを交換し合っていた。この結果、日本では『擦り合わせ方式』が品質の維持向上のための切り札となり、この方式が強力な競争力の源泉とまで言われるようになっていた。

このような体制が万全の強みを発揮し続けられている間は、1次から3次までの下請け部品会社は安泰であった。ところが自動車産業にとって、近年「衝突回避」「安全確保」「自動運転」等々のテーマが極めて重要視されるようになり、それに伴って部品企業が「テーマ毎に取りまとめた部品の集合体」を『高性能module』として組立会社に競い合って納入する傾向が時代の主流となってきた。その典型的な事例がトヨタ自動車の衝突回避system「トヨタ・セーフティ・センスC」を成り立たしめたコンティネンタル社製moduleである。トヨタの開発責任者は「このsystemを一体化moduleとして量産化に漕ぎつけたのは、コンティネンタルだけだった」と、デンソーやアイシンをさしおいてコンティネンタルを起用せざるを得なかった苦衷の決断を語っていた。ホンダもマツダも富士重工もこのsystemを採択していることでも分かるように、優れたsysteをmodule化することが出来れば世評が上昇し、それにつれて需要は鰻登りとなる。このような傾向を背景にしながら、世界中の有力部品企業が世界最高の機能を達成し続ければ、組立企業としては従来からの枠組みを捨ててでも最優秀なmoduleを採択せざるを得ない立場へと確実に追い込まれる。

つまり、時代の変遷とそれに伴う技術の飛躍的な進歩に伴い、企業間の相互取引までもが大きく揺さぶられることになるのである。

そのような流れが世界全体を覆うようになれば、一国内における産業構造は大きく変化することとなる。そんな動きは今まさに始まったばかりだが、やがてその影響が目立つようになり、いずれ否定し得ないまでの勢いで全世界を網羅するようになるであろう。この波が世界中を覆い尽くすようになる20年ほど先には、日本のあり方は現在想像している以上に大きく変化していることであろう。

日本はかつて「ものづくり王国」と言われていた。この最盛期には先に述べたhierarchyが厳然として聳え立ち、組立産業を頂点としながら部品産業群がガッチリとscrumを組んでいた。この総合力こそが日本のものづくり産業の基盤であり、それを反映しているかのように全体としてのものづくり産業が栄えていた。この不動だと思われていた体制に対して強力なpunchが加えられ始めた。それを可能ならしめたのは『新時代の革新技術』であるが、それを世界中に広めつつあるのは『globalの波』である。

今から20年先、日本の上位50社のmemberがたとえ同じような顔ぶれのままで生き残っていたとしても、世界中の部品産業が切磋琢磨した結果として、上位50社の日本企業へ向けて海外の部品makerが強力に自社製品を売り込んだ上に、日本の部品産業の海外進出が遅々として進まなかったら、日本全体としては惨憺たる結果になってしまう。しかし、逆に日本の部品産業が旺盛な勢いを保ちつつ、世界に雄飛出来るまでの成長を遂げながら、日本の組立産業に対する納入度合いも満足出来るような規模を維持し続けられたら、日本全体としては大きく飛躍することになる。

それだけに我々としては、そうした全体構図の下で日本の産官学がガッチリと手を握り合い、組立産業と共に部品産業をも強力に支援していくことを期待せざるを得ない。また、そうなるための政策を政府がなりふり構わず推進していくことを強く要請したい。激動の時代を迎えた今こそ『国家戦略』が極めて重要なのであり、その上にその戦略を練り上げ、発動させた上で成果を確実にものにし得るだけの強力な政府の存在が必要となってくる。

情報を軽視しがちな日本人の時代適合性

「太平洋戦争は情報戦で負けた」と結論づけられる。日本軍は最高幹部から末端の兵士に至るまで情報を軽視していたが、それは度を越していた。即ち、真珠湾攻撃という相手の意表をつく先制攻撃についてだけは綿密な情報収集に努めると同時に情報漏れをも防ぎ、自信をもって攻撃出来る結論を得るまでに10カ月もかけた。

また国内においてさえ厳重な情報統制を敷いていた。

ところが大成功を収めるや否やあらゆる面で箍が緩みだした。僅か半年後のミッドウェイ島攻撃はたった2カ月間でバタバタと決まった。その結果、肝心要の敵空母の存在を確かめないまま敵陣深く攻め込んで行ったのである。「敵は恐れをなして近寄らないだろうから残念だ」という艦隊首脳陣の発言をみても自信過剰は限度を超えていた。その上、呉の料理屋などでは「今度はミッドウェイだそうですね」と仲居が聞いてくるほどであった。結果は惨憺たるものであった。アメリカ海軍は日本軍の通信を傍受しながら、満身創痍の空母までをも駆り出し、空母3隻で日本の正式空母4隻を迎え撃った。

日本海軍虎の子の主力空母4隻は僅かばかりの駆逐艦に護衛されていたが、そのような体制で丸裸の空母を守りきれるはずもない。**本来なら大和や武蔵すらもが出陣し、空母にぴたりと横づけして対空防御面で劣っている空母を守るべきであった。アメリカにはすでにそうした輪形陣方式の空母護衛systemがとられていたのである。**

裸同然の空母4隻はたちまち撃沈させられ、最優秀な搭乗員たちは海の藻屑と消えた。

これを転機に日本海軍はジリ貧になっていったが、**その後の戦闘で華々しく登場してきたのが米軍のレーダーであった。彼らはその性能如何によって戦いの帰趨が決まると信じ込んでいた。**ところが日本艦隊の幹部たちは「そんなものは要らんから兎に角砲弾を余計積み込んでくれ」と頼んでいた。ところがそれから僅か数カ月後には、日本海軍は何時どこからともなくまっしぐらに飛んでくる正確な敵弾のために、士気が見る見る低下していった。こんなことでは負けて当然であった。

やがて戦いが終わり、復興が始まった。欧米諸国は灰燼に帰した日本に同情的であり、いくらでも先端技術を開示し快く技術導入に応じてくれた。その結果超高成長の二十数年間だけに限っては綿密な情報活動は必要なかった。一心不乱に技術導入を行い、懸命に生産するだけで事は足りたのであった。自分たちが熱心に取り組んでいる技術はもともと技術導入されたものばかりだったので、秘密漏洩の恐れなど全くなかった。

つまり、情報そのものにのめり込む必要などないままに、幸せな三十数年間が過ぎ去っていったのである。しかし、この期間を過ぎて諸外国と対等な立場で競走するようになると、最先端の情報を適時適切に入手することと同時に、開発した最新技術情報の漏洩に万全の注意を払う必要が出てきた。また、社内外の緊密かつ素早い情報の交信が業務遂行の決め手となってきた。１９８０年代以降、欧米企業ではＰＣによる情報の受発信が重要な日常業務となった。この頃欧米の幹部たちは世界中どこにいても情報が共有出来るようになっていた。しかし、日本の企業の最高幹部たちが自由に情報操作出来るようになったのは、ずっと遅れて２０１０年代に入ってからであり、それまでは専ら部下からの報告に頼っていた。

今でも時代遅れの経営者を時々見かけるが、それが日本の現実なのである。

わが国では社内の上下関係が明確に規定されており、役員、部長、課長がそれぞれ配下のmemberを従えており、交渉にあたっては部下たちを帯同するのが一般的であった。この習慣は今もなお根強く残っているが、筆者がヨーロッパに滞在していた半世紀以上前でさえ、欧米企業では責任者が単身で交渉に臨むのが一般的であった。この風習が早くから定着していた欧米ではＩＴの進化に伴い業務効率は一段と進歩したが、日本は欧米に比べてこの点での出遅れが大きく目立っている。

その上に問題となってくるのが言葉の問題である。これだけ世界がglobal化すると、英語を自由自在に使いこなせない経営幹部はそれだけで失格である。ところが今でもその点で見劣りのする役員が結構沢山いる。かつてアップル社がiPhoneを世に送り込む際、社長が売り値を決めた上でＨＤＤ（Hard Disc Drive）をＦＭ（Flash Memory）に切り替え、製品を超軽量化するように指示した。ところがＦＭだけで売り値を超えるので実現不可能だと部下が反対した。そこで社長は直ちに韓国へ飛び、サムスン電子のＣＥＯにＨＤＤ並みの価格でＦＭを供給してくれるように頼み込んだ。

その際、膨大な購入量の約束をも抱き合わせにした。この話をまとめた後、製品の製造は中国に、検査は韓国に、designはイタリアに任せることにしたのだが、それぞれに経営幹部が深く関与していた。

これだけのことを可能にするためには、先に掲げた様々な能力の内の「⒅語学力」「⑺予見力」「⒃発想力」「⑾瞬発力」「⒂行動力」「⑹想像力」「⑼解決力」「⑿追求力」「⒄折衝力」等々が必要となってくる。従って、大学卒業時の成績がいくら良くても、その能力は「⑴暗記力」と「⑵解析力」だけであり、その他の才能はあるのかどうかさえ定かではない。

しかも、ここに掲げたような業務展開を実現させるための大前提は語学力となる。

これからいよいよ第４次産業革命時代に突入していくが、そうなるとますますglobal化が進展していくこととなり、いずれ英語だけではなく中国語のmasterも必須条件となってくるであろう。日本企業の経営幹部の中で英語を駆使することによって相手のトップと膝詰めで渡り合える人物は目下のところ極めて少数であり、日本企業が世界市場で十分な活躍が出来ていない原因となっている。

それだけにその必要性がますます重要になってくるこれからの時代に、満足に世界の相手と渡り合えない幹部のままで推移していたら、出来る話も出来なくなってしまう。

しかし、残念ながらそのような新しい体制へと日本社会が変革していくのはなかなか難しいであろう。

政府は各企業に対して「もっと積極的に設備投資をすること」「出来る限り賃金を引き上げること」の二つを強力に要請しており、経団連の会長はなんとかその願いを聞き届けようとしている。しかし、企業側が現在の体制のままで萎縮し続けており、設備投資を控え賃下げを実施し内部留保を積み増ししている状況の抜本的な改善を計らずに、ただ単に通り一遍の要請をしてみたところで、うまく事が運ぶはずがない。

中産階級が没落し、資本主義が行き詰まる

１９９６年、ハーバード大学の元教授サミュエル・ハンチントンは『文明の衝突』を出版して世界に衝撃を与えた。彼は来るべき未来には文明の衝突によって世界中が荒れ狂い、全世界が二大勢力に分かれて第３次大戦を起こすと予言した。その時までに日本は経済大国となっている中国の傘下に入ると予言していた。また太平洋から攻め込んでくる連合国側を、中国はロシアと結託して迎え撃つと大胆に想定していた。

それと同時に、夫婦共に未来学者であるアルビン・トフラーとハイジ・トフラーは、『第三の波』『未来の衝撃』『大変動』『「生産消費者」の時代』『未来適応企業』『パワーシフト』と題する書籍と論文を次々に発表し、『戦争と平和』『ジャメリカの危機』をも追加出版して世論に訴えた。「ジャメリカ」は「Jamerica」で「日米の馴れ合い」を指し、その将来について彼らなりの結論を導き出している。

ところで本書に先立つ筆者の小論文『資本主義の限界』でも明らかにしたように、資本主義は今や最終段階にさしかかりつつある。即ち、それは「あくなき自己増殖欲」に基づき、市場に投入されるべき需要までをも貪欲に吸収しつつある。その結果、この日本においてすら企業のトップたちの年収は急上昇しつつあり、２０１５年には年収1億円以上の役員が４１４人に達している。あの大幅赤字企業「ソニー」を復活出来ないまま虚しく4年以上もの歳月を浪費した平井一夫社長でさえ、２０１６年3月期には何と8億円もの大金を懐に入れ込んだ上で、4年間に1万人もの人員削減を行っている。

日本の大部分の企業は今や負け犬同然となっており、３６０兆円もの資金を明日のために投下しようとはせずに内部留保しており、利益をひねり出すために労賃をカットし続けている。それどころか欧米、特にアメリカの資本家たちの所得の巨大さは、我々の想像を遥かに超えている。その結果、上位数パーセントの資産家たちが国の富の大部分を専有している。このような経過を辿りながら現在までの二十数年間に、アメリカの中産階級は１６００万人以上も減っている。

従来その階級の主体を占めていたのは製造業に携わっていた人々であったが、彼らは相次ぐ合理化のために次々に追い出され、service業へと転落している。その結果、所得は一挙に半減してしまっている。

資本主義が世界を潤していた時代は終わった！

第2次世界大戦中、中東諸国では次々と大規模油田が発見された。戦後これらの油田が大々的に開発され、膨大な原油が低価格で全世界に供給されるようになった。その結果、先進諸国は史上稀に見る高成長時代を迎えられることとなったのである。

中東諸国にはイスラム教の信者たちが大勢いる。彼らは資本主義諸国が大規模な初期投資を行ってくれたことと同時に、原油を大量に買い上げてくれたことにも感謝していた。またその上に、中東各国の国土開発のために注力してくれた実績にも敬意の念を払っていた。つまり戦後の数十年間、資本主義諸国と中東諸国は文字通りwin-winの関係に立っており、良好な関係は何時までも続くかに見えていた。

しかしその後資本主義が行き詰まるにつれて、先進諸国の経済発展に急ブレーキがかかる一方で、アメリカではshale gasの発掘に成功し、energyの自給が可能となった。この結果、世界市場での原油価格が急落するとともに売れ行きが落ちた。また中東諸国では財政事情が極度に悪化していった。そうした傾向と比例する形で先進諸国での賃金切り下げが一般化した。このような状況が全世界を覆うようになったために、あらゆる国々で民衆の不満は爆発寸前にまで高まったのである。

この流れが先進諸国では「移民排斥運動」となり、逆にイスラム教諸国では「キリスト教諸国に対する宗教的な反発」の形を取り、「文明の衝突」が始まった。

このような歴史の流れの中で、イギリスでは「移民流入阻止を目的としたEUからの離脱」が国民投票によって可決されたが、イスラム教諸国では「異教徒によるイスラム教徒いじめ」という意識が民衆の間に広く蔓延するようになり、怒り狂った一部の勢力が結集して「IS」の旗印を立てるまでになった。それればかりではない。驚いたことに先進諸国の中の不満分子までもがISに共鳴し、戦闘員として参加しつつある。このような形を取りながら年々高まりだした先進諸国への反感は、やがて中世におけるイスラム教徒とキリスト教徒の対決にまで遡りだし、遂には欧米諸国を「十字軍」呼ばわりするまでになった。つまり、キリスト教徒が大挙結集してイスラム教徒を追い詰め迫害した仇討ちを、今こそ祖先に代わって果たすべきだという主張が多くの若者たちの共感を呼び起こすまでになったのである。

これこそが宗教戦争であり、『文明の衝突』に他ならない。今を去る20年前、サミュエル・ハンチントンはいずれこのような時代が間違いなくやってくると予見し、それがどのような形を取りながら進められるのか？　その挙句どのような結果が巻き起こされるのか？　を理論的に解析し、後の世の人たちのために書き残した。

また、アルビン・トフラーは『第三の波』の到来を理論的に解明した上で『パワーシフト』の必然性を解き明かし、その上で『未来の衝撃』を書き上げ、この巨大な時代変革の波が引き起こす衝撃にまで言及するようになった。その思いが更に推し進められて『ジャメリカの危機』にまで及んでいることには驚きを禁じ得ない。また『戦争と平和』について述べていることも特筆すべきである。

2016年7月初めラマダン明けのバングラデシュで、乱入した暴徒たちによって異教徒たちが惨殺された。日本人7名、イタリア人9名、アメリカ国籍のバングラデシュ人2名とインド人が犠牲となった。コーランを諳んじていない者たちが血祭りにあげられた。

日本の国土面積の4割しかないバングラデシュには1・6億人も住んでいるが、内9割がイスラム教徒である。インドネシアやマレーシアにも沢山のイスラム教徒たちがいるが、他のアジア諸国でもイスラム教徒が大勢いる。顔が似ているこれらの人たちを異教徒と見分けるためには、コーランの暗唱が決め手となる。今回のテロでは今までにはなかった「無条件での異教徒皆殺し」が初めて実行された。もしもこのやり方が『イスラム教徒たちの今後の行動の規範』となれば、海外に出かける日本人には絶えず殺される危険がつきまとう。

この結果、日本人の殆どが海外への渡航を差し控えるようになったら、日本経済は取り返しがつかないくらいの深刻な打撃を受けるであろう。


今回、押し入ってきたterroristに向かって一人の日本人が“I'm a Japanese!”と大声で叫んだが、これは「殺してくれ！」と訴えたに等しい浅はかな行為であった。

彼は日本人だと言えば手荒な真似はされないだろうと思い込んでいた。つまり、彼の意識は「安倍首相が出しゃばる前の時代感覚のまま」に留まっていたのであった。

憲法第9条をひたすら守り抜き、全世界から平和国家だと思われていた時代における日本人と、現在の日本人とではterroristたちの日本人に対する考え方はまるで異なる。

昨年の春、安倍首相がヨルダンで「有志連合の一員として断固テロと対決する」と言わずもがなの発言を国際テレビ経由で行って以来、「日本は十字軍の一味だ」との判定が下された。

安倍首相は憲法を改正してまで米軍と地球上のどこででも戦おうとしているために、いずれイスラム教徒と戦火を交えることになるに違いない。

もしもそうなったら、事態はますます悪化の一途を辿ることとなるであろう。

大多数の日本人はなぜか平和ボケをしており、安倍内閣がどんなにひどい政策にのめり込んでも、自分はおろか他の日本人たちの生命にかかわるようなことにはならないと思い込んでいる節がある。そのため彼が率いる自民党への支持率は落ちない。

２０１６年８月の参議院選挙ではまたまた与党が圧勝し、憲法改正を可能にする３分の２を確保した。この結果は日本国民の総意なのでその事実をありのままに認めるしかない。しかし、世界を覆う新しい波を受けてイスラム教徒の一部が立ち上がったり、資本主義国内でも民衆の怒りや反発が高まり新しい動きが散見されつつある中で、なぜ日本人は世界の流れに即応した現状改革への意欲を示さないのか、不思議でならない。

国民は今回、今までの安倍首相の生き方を是認したが、そうなるといずれ憲法は改められ、自衛隊は遠く地球の裏側ででも米軍と共に戦うようになるだろう。それより前に海外にいる日本人の命が狙われる。そうなればインフラ整備事業は頓挫せざるを得なくなるだろう。

また中国敵視政策の結果、世界最大の市場における日本のシェアはどんどんと落ちていく。そうなれば日本経済のお先は真っ暗になってしまうのだが、今回の選挙によって「それでもいいのだとする結果が出た」のは残念でならない。

日本の電機産業の凋落とその後の見通し

日本産業界の中で現在に至るまで世界的な競争力を維持し続け、日本経済を強力に引っ張ってくれているのは自動車産業だけであり、かつて旺盛な力を発揮していた電機産業は負け戦が続き、存在価値は見るも無残に下がってしまった。

そこでこの業界では今後の生きる道として海外での原発事業とインフラ整備事業を主軸としているが、主要対象地域はイスラム教徒が大多数を占めている。

ところで日本の電機産業の業務内容を区分けすると次の通りとなる。

①電気関連事業（家電事業、発電事業、送電事業、配電事業）

②電子関連事業（半導体を基盤としたelectronics関連事業）

③インフラ整備事業（国内市場には限度があり海外市場が主体）

(A)　①の内、最もポピュラーなのは家電事業である。この事業は戦後30年以上にわたって旺盛な伸びを見せアジア市場を席巻するまでになったが、1980年代以降台頭してきたアジア勢に席巻され撤退を余儀なくされた。東芝の家電事業は中国の『美的集団』へ譲り渡し、シャープは『ホンハイ』に買収されるまで落ちぶれてしまった。

(B) ①の内の発電事業は石炭火力、石油火力、LNG火力と原子力発電とに分けられるが、今後増大する需要を捕捉しようとすれば、アジア諸国が中心となる。

(C) ②は電機産業の中でも最も重要な中核事業であるが、日本はNAND型flash memory以外の半導体事業分野で全面的に敗退してしまった結果、electronics事業全般でも他国の後塵を拝することとなった。従って、最も大事なこの重要分野での全面的な活躍は今後全く期待出来にくい状況下にある。

(D) このため残る手段としては広大なアジア市場におけるインフラ整備が日本にとって最も大事な分野となる。そのため、安倍内閣は強力に後押ししている。

このインフラ事業を進めていくためには、今後とも大勢の人たちに先兵になってもらわなくてはならない。JICAはそのための重要な役割を担っており、現在も大勢の人たちが世界各地に派遣されている。

しかしもしもＩＳが今後とも今回のような異教徒抹殺のやり方を踏襲するようになれば、新興諸国を援助しようという機運はそがれることになるであろう。円借款をベースとした大規模なインフラ事業は、国としても企業としても大きな収益と結びつく大事な事業である。そのため、被援助国側の人たちがこうしたインフラ事業をどの程度評価してくれるのか？　それとも自国に乱入してきて大儲けをするけしからぬ人たちと思われてしまっているのか？　この辺りを再度十分に検討し直してみる必要があるように思われる。今後イスラム教徒対キリスト教徒とのせめぎ合いや殺し合いは、数限りなく繰り返されることになるであろう。今回起こったような惨劇が繰り返される度毎に参加希望者は激減していくだろう。

安倍政権が推進する二つの相反する政策

安倍首相は政権の基盤を強化するため「アメリカ寄り」の政策を取り続ける。

そのため憲法を改正してまで米軍と共に地球上のどこででも戦えるだけの基盤を整備しようと躍起になっている。しかし、この方針を貫き通すのであれば、今後いよいよ本格化する『文明の衝突』に際して欧米のキリスト文明側につくことを旗色鮮明にしなければならない。そうすれば駐在する場合であろうと旅行するcaseであろうと、日本人が外国に出て行けば何時でも殺される可能性を否定することが出来ない。

こうなると必然的に海外勤務を忌避する傾向が高まるであろう。それにもかかわらず首相は外遊の際に五十数名もの企業幹部を従えインフラ整備の売り込みに余念がない。

もしもインフラ整備を諦めてしまってまでもアメリカにのめり込むのであれば、それはそれなりに一つの選択肢であろう。

しかし、アメリカ一辺倒の態度に固執したまま欧米と共にイスラム教徒たちと全面的な対決姿勢を取り続けるのであれば、新興諸国でのインフラ整備を大々的に進めようとするのは自己矛盾であり筋違いでもある。

テロで日本人が惨殺される度毎に日本政府は「断じてテロは許さない。敢然としてテロに立ち向かう！」と声高に叫ぶ。しかし、今後は文明の衝突が日常茶飯事になり、テロによる殺害が当たり前となる。そんな折、日本政府の遠吠えは更に一層terroristたちを激高させ、frictionを高めるだけであって、なんの役にも立ちはしない。

かつて日本が満州に進出していた折、日本兵や日本の居留民たちが匪賊に襲われていた。13

歳前後の頃にそんな話を聞いていた当時、単純に匪賊たちを憎んだが、よくよく考えてみると、その匪賊たちはかつて満州に住んでいて日本軍から土地を取り上げられた哀れな農民たちだったのであり、抵抗するのは当然の権利であった。つまり、彼らは命を賭して「日本の悪業に対して敢然と立ち上がった義賊」だったのである。

ただし、だからと言って今回の事件の首謀者たちの行為を許すわけにはいかない。ただ裕福な家庭に育った上に海外で高等教育を受けた若者たちが、なぜ今回のような惨劇を行ったのかについて、その根本的な理由をつきとめることは極めて大切である。

大戦中のように、殺し殺される国同士がただひたすら相手を憎み合い続けていれば、争いはendlessとなり、惨禍は拡大の一途を辿るのみとなってしまう。

現在までの日本政府のやり方や態度では問題解決の糸口は見出されない。

日本政府の考え方をそのまま受け取れば、ただひたすらterroristたちを憎み、闘争心を助長させるだけとなる。今回の暴徒たちは次のように言及したという。「なぜお前たち異教徒は、イラクやシリアで罪もない我々同胞たちを無差別爆撃で大量に殺しているのか？」「そんな野蛮な行動を繰り返すから我々も立ち上がらざるを得ない」と。

米軍はベトナムで大量の枯葉剤をまき散らし、大勢の無辜のベトナム人たちを大量に殺戮した上で、無数の奇形児までをも生み出した。このような非道な仕打ちに抗議して立ち上がったのは米国内の若者たちであり、大規模なストが米軍撤退に繫がった。

しかし、日本政府がアメリカ政府に真正面から抗議した事例は唯の一件もなかった。

目下世界史は大きな分かれ目にきている

世界は明らかに新しい時代へと様変わりしつつある。渦中にいる我々には時代変革の波を読み取ることが出来ないが、あと10年もすれば「あの当時こそ歴史の大転換期だったのだ」と思い起こすに違いない。それほどまでに世界は大きく変わりつつある。

その根本原因は「資本主義の限界」である。つまり資本主義が爛熟期に入り、圧倒的なパワーで世の中を支配するようになったために引き起こされた結果なのである。

その際の最大の問題は「あくことなき富の収奪」であり、その結果としての「貧富の差の急拡大」である。２０１５年の春、フランスの経済学者であるトマ・ピケティは世界中の国々の膨大な資料を紐解いた上で「所得分配面での問題点と、それがもたらす社会的な影響」を明らかにした。つまり、彼は第2次世界大戦前における富の収奪に光を当てながら、戦後の三十数年間この問題が大きく是正されたことを明らかにした上で、その後尻上がりに不平等が加速されつつある実態にまで光を当てた。

その結果、現在のように資本を横暴にさせ続けておれば、やがて社会は行き詰まるだろうと結論づけたのである。富をあくなく収奪し、働く者たちの収入が減り続けていけば需要は限りなく縮小していき、デフレが世の中を覆うようになる。そのために、なんとか無理にでも需要を喚起しようとして通貨の発行を止めどなく行う。

しかし、そんなことをしてみても実需には結びつかず、有り余った金が宙を舞い、金利が限りなくzeroに近づくどころか、更にminusの金利という異常事態に達してしまう。その結果、世界的な低成長から抜け出せなくなり、原油価格をはじめあらゆる資源価格が下落したまま復活の兆しを見せなくなってしまう。そのような状況が世界を覆い尽くすと、株価も地を這うようになる。そんなことではfund勢が立ち行かないので無理矢理に株価を上下動させ、値幅取りでなんとか収益を確保しようとする。

このような状況が続けば、従来先進諸国経済のおこぼれ頂戴で潤っていたイスラム教諸国の経済は極度に不振となり、移民希望者たちで溢れ返るようになる。

ところが先進諸国では受け入れ人数を制限する一方で、移住している人たちの働き口までもが極端に少なくなり、雇われ続けている人たちの賃金までカットされることとなる。このように資本主義は行き着くところまで来てしまった結果、追い詰められたイスラム教徒の国々は、現在のこの哀れな状態を乗り越えるために立ち上がっている。

即ち、もはやキリスト教徒主体の国々の言うままになるのではなく、自分たちの主張が通る世界へと切り替えなければならないという発想に立ち返ったのである。そこにかつて頭の隅にあった十字軍との戦いが蘇ってきた。「そうだ今こそ自分たちが十字軍の子孫たちを蹴散らして主導権を取り返す時代が来たのだ」と決意したのである。

その一方で世界中の先進諸国でも、資本主義の限界がつきつける数々の問題が浮上してきた。その結果が「アメリカのトランプ」であり「フランスのルペン」である。

つまり、彼らは従来のしがらみの一切をかなぐり捨てて、新しい時代を切り拓く新しいやり方で次の世代へと進もうとしているのである。また、これと同時に沸き起こったのが、イギリスのEUからの離脱であった。

資本主義の限界が引き起こす矛盾と、その結果

こうして考えると「アラブの春」、「ISの出現」、「テロの頻発」、「世界的な低成長」、「各国

における政治的混乱」、「各国での貧富の差の拡大」、「イギリスのEUからの離脱」、「主要国で深刻化するデフレ」、「金余りによる超低金利」、「奨学金破産」、「老後破綻」、更には「IOT」、「ICT」、「第4次産業革命」、「AIとRobotによる生産革命」に至るまで全てこれらを引き起こしている原動力は「資本主義の限界が引き起こす矛盾」そのものだと言うことが出来る。つまり、これらは全て地下茎で繋がっている。

第4次産業革命は、先進諸国経済の停滞と新興諸国の勃興という対立軸の中で必然的に考え抜かれた製造革命であり、その基本は単純労働をAIとRobotによって置き換えるという意欲的な試みである。しかし、それに先立ちドイツの企業「アディダス」がRobotと3D printerによって「靴の無人製造の可能性」を明らかにした。

同社のヘルベルト・ハイナー社長は、このほど「Speed Factory構想」を打ち出し、今後の意欲的な行動計画を発表した。同社は過去30年間、靴の生産をヨーロッパから韓国、中国、ベトナムへと移し替えてきた。靴の製造のように労働集約型の事業では労賃の安さが最大の決め手となっているので、ドイツでは成り立たない。

ところがＩＴやＡＩの進歩とともに、Robotの高性能化と3D printerの飛躍的な技術革新によって24時間の自動操業の目途がたち、人件費の高いドイツでも僅かな人員で大量の靴をspeedyに製造することが可能になったというのである。

この結果、２０１７年の後半にはドイツで、２０１８年にはアメリカで製造が開始される。その上、日本には２０２０年までに新しい製造体制の整備が完了するとのことである。

消費地に立地した上で超高能率的な製造方式を実現させられれば、消費者に届けられる時間は今までの6週間後から一挙に丸1日までに短縮させられるという。もともと靴は用途、色柄、sizeがまちまちであるが、この新しい製造方式によって無駄の少ないcustomize生産（一品毎の少量生産ながら大量生産並みの効率での生産）が可能となり、流行の変化にも即応出来るという。

同社では年間に約3億足を作っているが、毎年15％ずつ伸びているという。同社長はとりあえずアジアでの生産を続けながら、増加分の４５００万足の設備を最新鋭の製造方式に置き換えようとしている。こうした製造機械を導入すれば、誰でも靴の生産販売に新規参入出来るが、同社長は「個人に靴生産の権利やsoftを販売するつもりだ」とも述べている。この事実からも明らかなように、今後あらゆる商品の作り方が劇的に変わることとなるが、それに伴い必要とされる作業員の数がどんどん減っていくこととなる。資本主義体制そのものに内蔵されている自己矛盾により一部の人たちに富が集中する結果、需要は減り続ける。日本ではその上に少子高齢化によって人口が減少していくので市場の委縮は年とともに激しくなる。そうなると資本はますます高度な技術に頼るようになって人減らしがまた更に進む。

アディダスの場合も当面はアジアの製造拠点はそのまま残し、追加分のみ新製造方式を導入するが、アジアの製造拠点が老朽化すれば全面的に撤収し、需要の中心地域に新製造方式を設置するというのである。

先進諸国と新興諸国における製造拠点の劇的転換

2010年代の初めまで長きにわたって製造拠点が先進諸国から新興諸国へと移り変わっていった。日本でも相次ぐ円高に伴い、製造拠点はアジアを中心とする海外へとdynamicに移転していった。こうした傾向が今後は劇的に変化し、今までの傾向とは逆に新興諸国から先進諸国へと舞い戻ることになりそうだが、やがて第4次産業革命の進展とともに、この動きはますます加速されていくこととなるものと想定される。

我々は先ほど原油や資源の関連で先進諸国の積極的かつ大々的な進出が減速し、やがて大きな引き潮となっていく様子を垣間見てきた。これと同じ動きが、今後のアジアその他の地域において、製造拠点の撤収や製造委託の解消といった形で次々に実施されることになるであろう。そうなると、従来の両者が持つwin-winの関係は崩れだし、大小様々な摩擦と軋轢とが生ずるようになる。こうした流れに沿いながら多国間の関係が様変わりになっていくことになるものと想定される。

つまり、資本主義がその本来の野望を剝き出しにし、徹底した利益の追求に専念し続ければ、あらゆる地域において様々な場面で激しいfrictionが生ずることとなる。

製造方式が無人化するにつれて、支払われるべき労賃はどんどん圧縮されていき、その分だけ資本の取り分が多くなる。これに比例する形で市場の規模が縮小していく。

つまり、資本が省力化を推し進めればするほど、そして労賃部分を圧縮すればするほど、資本主義は成長の限界に突き当たることにならざるを得ないのである。

カール・マルクスは「理想的な共産主義体制」を夢見続けていた。この社会では、労働生産性が高まれば高まるだけ働く時間が短縮していくことになるが、それでいて必要な品物は好きなだけ受け取ることが出来るようになると主張していた。

20歳前後の若い頃には「そんな社会が実現すればいいなぁ」と思っていたが、そうしたことが実現するには「資本そのものが人民の共有物になること」が大前提になっていた。資本が資本家の手に牛耳られていれば、そのような理想は実現しない。

資本主義社会に留まる限り、生産性があがっても勤務時間は短縮されない。資本は雇っている人数を減らし、己の取り分をその分だけ増やそうとするからである。

つまり、生産性の飛躍的向上とともに総労賃は下がり続け、資本が獲得する利潤は逆にその分だけ増えていく。この仕組みこそがあらゆる面での矛盾を増大させ、様々な面でfrictionを巻き起こすこととなるのである。

今や資本主義は爛熟期にinnovateされ、その結果先進諸国と新興諸国との関係までもがdynamicに変化していくこととなる。

爛熟した資本主義と、それがもたらした影響

１９９１年、遂にソ連が崩壊し『資本主義の全盛時代』が始まったと誰もが思った。地球上をglobalismが覆い尽くし多国間の連係playが遍く行きわたった。

先進諸国の資本は積極的に新興諸国へと進出し、安い労賃をフルに活かしながら利潤を大幅に高めていった。日本でも１９８５年のプラザ合意以降円高が急激に進行した結果、輸出に急ブレーキがかかり、多くのmakerが進出していった。この当時、国内では「産業空洞化」を懸念する声が至るところで声高に叫ばれていた。

この動きにはそれに伴う二つの影響がある。その一つは、この流れの帰結としての「新興諸国経済の旺盛な発展」であり、もう一つは「賃金の国際的平準化傾向」である。つまり「新興諸国における安い労賃」と「移民の増大」とが引き金となって、先進諸国における労賃が果てしなく切り下げられることとなったのである。

先進諸国では正規労働者を出来る限り減らした上で、その穴埋めを非正規労働者に肩代わり

させるというやり方が普及しだした。その結果、わが国では過去20年間に非正規労働者の割合が、13%から40%にまで飛躍的に高められることとなった。

ところでこの非正規労働者の賃金は会社によって多少異なりはするが、一般的に言って「正規労働者の賃金の3分の1程度」と言われている。このような低賃金で、しかも年齢が上がっても昇給しないということになれば結婚は諦めざるを得なくなり、たとえ結婚しても子供は作れない。こうしたことが重なり、人口はどんどん減り続けるばかりとなってしまう。だからこそ誰でも正規社員になりたがるのだが、極端に人数を切り詰められた結果、所要の業務が正社員たちに集中してしまい、大部分の正社員たちは大幅な残業を余儀なくされている。ところが残業代がまともに支払われているcaseは殆どなく、このような環境におかれた正規社員の中には、体を壊してやめていく社員すら大勢出ている。これと似た動きは他の国々でも起きている。

即ち、先進諸国の資本は絶えず最大限利潤を追求しており、必要とあればどんな僻地にでも進出していくのだが、不要になってしまえばさっと引き揚げる。

そのために想定以上の収益を上げ続けている間は、進出先に対して十分な配慮を行うが、事業環境が急変して悪化していくようになると、態度はたちまち一変することとなる。その結果、進出先の国や企業との間柄も、win-winの関係から一挙に敵対的な間柄へと手の平を返したように変化することさえ、十分にあり得るのである。

21世紀に入ってからこの方、世界経済の雲行きは険しさを増してきた。その大きな要因は、1991年のソ連の崩壊後資本の収奪が激しさを増し、市場の狭隘化を一層推し進めたことによる。その結果、引き起こされたのがデフレであり、売れ行き不振であり、収益の傾向的な低落である。このような資本の態度は今後とも変わりそうにはなく、依然として加速し続けるであろう。そうなると世界的に矛盾がますます高まり、いずれ暴発しかねない。イギリスのEU離脱やトランプ現象は、こうした流れの一貫なのであり、これらを含めて多くの出来事が地下茎で繋がっている。

所得格差拡大とISの跳梁とは相関関係がある

各国における所得格差の急拡大とそれに伴う貧困問題は年々その激しさを増しつつある。つまり、これこそは爛熟期における資本主義がもたらす災いである。

恵まれていない国や地域では、世界的な不況の影響を受けて餓死者が続出しつつある。そのため若者たちがなんとかこの苦境を乗り切ろうと必死になっている。

日本でも昭和の初めには世界的な金融恐慌の影響で、東北地方では餓死者が続出し、若い娘たちが身売りに出されていた。このような地方の出身者で、なおかつ陸軍士官学校で高等教育を受けた前途ある有能な青年将校たちは、このような状況を打破しなければならないと思い込み、時の政府幹部を皆殺しにするという暴挙に出て、多数の高官たちが血祭りにあげられた。これこそがあの有名な2・26事件である。


今回バングラデシュでは、裕福な家庭に育ち先進諸国で高等教育を受けた若者たちが、これらの青年将校たちと全く同じ動機で、同じ類いの惨劇を引き起こしている。

彼らの目には、旺盛に栄えている国々が以前にはある程度の恩恵を与えてくれていたが、不況とともに自分たちに皺寄せをするようになったと思い込んでいる。

つまり、2・26事件の青年将校たちと今回のterroristたちとの間には、「共通した現状不満」と「救国の信念」ならびに「現状打破に対する止みがたい情熱」とが共有されていたのではないかと思われる。彼らはrestaurantに突入するや否や、殺す相手を2階に誘導し、いきなり首を刃物で切断しだした。この惨劇に驚いて逃げ出そうとした人質たちはたちまち銃殺された。突入後殺害が終わるまで僅か30分しか経っていないというから凄まじい。その一方でイスラム教徒たちは全てこの場から解放している。つまり、彼らの目的は極めてはっきりしており、憎むべき相手だけをこの世から抹殺しようというのである。最も懸念されるのは、このようなやり方が過激派の人たちの中で称賛され、同じようなことをやろうというmemberが、続々と後に続きはしないかということである。ＪＩＣＡの活動、ならびに海外青年協力隊の海外派遣は再考を迫られざるを得ない。

それればかりではない。円高に伴い海外旅行はますます活発になるものと思われるが、今までは安泰だと思われていた欧米各国でさえ危険極まりなくなってしまった。世界各地に大勢いるイスラム教徒たちは穏健な人たちが大半を占めるが、中には欧米人と日本人に対して、抑えきれないような反感と憎しみを持っている人たちが多い。従って、今後の海外渡航に関しては「命の保証はない」と、覚悟する必要がある。

豪華なcruise船で、地中海やカリブ海、更には茫々と広がる太平洋を航海して回っていた当時、「平和だからこそこんな満足が得られるのだ」と心から喜んでいた。

しかし、近い将来このcruise船がterroristたちの格好の標的となるであろう。なぜならこれらの船には欧米人や日本人が大勢乗っているからである。小型船で近寄り縄梯子をかけてよじ登れば、豪華客船は容易に乗っ取れる。その上で船倉真下のkingston弁を引き抜けば、船は大勢の人たちを乗せたまま海中深く沈んでいく。

これが成功したら、ＮＹのTwin Towers崩壊と並ぶ世紀の大事件となるに違いない。

爛熟期の資本主義諸国で激変するものづくり

今から20年もすれば第４次産業革命が本格化するものと見られている。

しかし、それに先立ち既に見てきたように、アディダスはＡＩとRobotを駆使して半自動製造方式を導入して需要地立地を推し進め、６週間の納期を24時間後にまで一気に短縮させるという。3D printerやその他の発明品が総動員され、従来の生産方式が革命的に変化することになるから、そうした快挙が実現出来るのだというのである。そうなると自動車産業においても、本体の組立産業の革命的な変化に先立ち、部品業界が激変する可能性が高まってくる。多種多様の靴の型紙の読み取りはおろか、柄や色合いまでをも自由自在に判別し、それを製造工程の中に巧みに取り入れながら、flexibleに裁断した上で自動的に編み上げていくという複雑な工程が、僅かなmemberだけでこなせるようになるのだから、このsystemは革新的である。

そのような意表をつく方式がすでに確立し発表出来るまでの段階に到達したという事実は、いずれ自動車部品業界に対しても大きな影響を与えることになるであろう。

車1台あたりについては約3万個の部品が充当される。それもバラバラではなく、機能別にmoduleの形にまでまとめられた上で、最終組立現場へと運ばれていく。

靴とは違い、車は圧倒的に大きいが製造工程の自動化に関しては共通する面が多い。

2次下請け、3次下請けをつぶさに見て回った限りにおいては、物の形状が複雑ではないために半自動化が既に定着している。しかし、module化に関しては自動化の余地がまだ数多く残されているように思われる。ところで機能別のmoduleに関しては性能的に大きな差が出てきているが、その上にどこまで自動化を貫徹させ、納期の短縮をどの程度まで徹底させるかによって、今後の国際競争力が決まってくる。

つまり、性能面での優劣に加えて、どれだけspeedyに納入出来るかどうかで、最終的な組立産業に採用される可能性に大きな差が出てくる。なぜなら今後は需要地立地がますます加速されることになるからである。今まではまとめて大量生産することによりcostを出来る限り下げ、その点を生かしながら如何にして多方面に効率的かつ効果的に輸出するかが戦略上の基本となっていた。だからこそ、例えば欧州には日本車を年間約２５０万台売り込んでいるが、その内の約１８０万台を欧州で製造し、約70万台は日本と欧州以外から送り込んでいる。欧州で製造している約１８０万台中、イギリスとＥＵとでそれぞれ約90万台というのが凡その数値となっている。

これからこの内訳がある一定の期間をおいた上で、ガラリと変わることとなるであろう。靴と車とでは訳が違うが、先に述べたように靴の製造面であれほどまでのflexibleな製造体制が確立するのであれば、部品組立面でも現状より遥かに進んだ体制が取られる可能性が高まる。そのような可能性を考慮に入れると納期面でも格段の進歩が考えられる。つまり、これから20年先頃までには、現在我々が想像している以上の革命的な製造方式が一般化されるようになっているであろう。そうした可能性を考慮に入れた上で、自動車産業界における各国のcar makerのpositionを考えると、現在のあり方を一旦ご破算にするくらいの発想の転換が必要になってくる。

Robot makerの自動車産業に及ぼす影響

資本主義が爛熟期に到達するにつれて『文明の衝突』が必然的なものとなってくると同時に、ものづくりそのものの内容も革命的に変化することとなり、その結果として全世界の企業の優勝劣敗の姿もがらりと変わってくることになるであろう。

中国の家電大手である『美的集団』が、ドイツの産業用Robot大手の『クーカ』における株式の過半数を公開買い付けして経営権を取得する見通しがほぼ確実になってきた。

ちなみに美的集団の本社は、広東省仏山市にあり、設立は１９６８年、２０１５年度の売上高は２兆７７０億円、純利益は１９１５億円であり、主な製品はエアコンなど白物家電であり、従業員数は約９万３０００人である（1元＝15円として計算）。

一方クーカの本社はバイエルン州のアウクスブルクであり、設立は１８９８年、売上高は３２９２億円で純利益は87億円。主な製品は産業用Robot、factory automation system。従業員数は約1万２３００人である（1ユーロ＝１１１円として計算）。

なお世界の産業用Robotのshareは、1位ファナック（18・5％）、2位独クーカ（11・5％）、3位スイスＡＢＢ（10・5％）、4位：安川電機（10・4％）、5位：川崎重工業（5・8％）、その他（43・3％）となっている。

クーカ買収の最大の狙いは自社工場に最新のRobot技術を採択し、自動化を推進することにある。中国の従業員の給与はこの5年間に2倍に跳ね上がったため、労働集約的な家電製品の生産を自動化しなければ生き残れないと、美的集団は考えた。

一方のクーカは業績が拡大中であり単独でも十分に生き残れるが、更に飛躍的に発展しようとすれば、世界最大のmarketである中国に進出すべきだと判断した。

そのために中国企業の傘下に入る決断を下したのである。ドイツではどの自動車makerもクーカ製の多関節Robotを採用しており、orange色のクーカ製Robotがどの工場でもやたら目につく。同社はRobotに搭載しているAＩを進化させると同時に通信機能まで持たせて内外の工場と綿密な連携を取っている。

同社の社長ロイターーは「クーカこそIndustry 4.0の先頭makerである」と自画自賛している。昨年度の売り上げの内、中国市場向けは14%だが、5年前は僅かに5%だったことを思うと、中国市場におけるshareの拡大傾向は目を見張るほどである。

こうした実績を踏まえた上でロイターー社長は、あえて美的集団の傘下入りを決断している。このように欧州makerは例外なく中国市場を重視しており、イギリスやドイツにもみられるように、首脳自身が足しげく中国に通っている。

中国を敵対視している日本政府はいずれ将来激しく後悔することになるであろう。

世界最大のRobot makerであるファナックは製造能力を倍増すると発表したが、この会社が中国で大活躍出来るだけの基盤造りは極めて大切である。安倍内閣はなにかにつけて中国政府ともめているが、大局的な見地に立ち、世界最大市場である中国市場で充分日本企業に活躍してもらえるだけの配慮をしてほしいものである。

これから一体どんな未来がやってくるのか？

現在はまさに『世界史上他に例を見ないほどの大転換期』にさしかかっている。

これからは我々が経験してきた20世紀とは、まるで違った新たな世界が展開することとなる。しかし、その実態をまだ誰も想像することが出来はしない。なぜなら今までとこれから展開されることになる未来とはあまりにもかけ離れており、この懸隔を埋めるだけの知恵を持ち合わせていないからである。しかし、いずれ訪れてくる近未来には、極めて明るい面と暗い面とが入り混じっている。

明るい面ではリニア新幹線をはじめとして交通機関の飛躍的性能向上や、情報網の整備拡充と情報取得機器の進歩とにより、最も欲しい情報がtimelyに受け取れると共に、自動的に記録されるようにまでなることが挙げられる。また家庭生活の面では、あらゆる家電機器の装いが新たになり、全ての機器が単一の操作端末での音声入力によって出来るようになる。その結果、TVで録画する際でも、新聞の番組を見ながら収録したい番組を読み上げればたちまち予約出来るし、エアコンのbottonを押した上で「25℃で弱風」と言えば快適な冷風が心地よく吹くようになる。

その上に自動操作を選択すると、何時でも所定の位置に座ればエアコンが作動し、離れれば切れる。また一人暮らしのお年寄りには介護Robotが何時も寄り添ってくれ、悩みごとの回答までしてくれる。風呂に入りたい時にはちゃんと風呂場まで運んでくれ、湯船にまでつからせてくれる。そんなことが出来る時代が直ぐそこにまで来ているのだが、このような超近代的な機器で囲まれ、快適な生活を送ろうとすればそれなりのお金が必要となる。従って、お金がなければ今までの生活のままで我慢するしかない。

暗い面として挙げられるのは『爛熟期としての資本主義の怖さ、恐ろしさ』である。資本主義はいよいよ猛威を振るうようになり、貧富の差はますます拡大していく。

このような世の中では優勝劣敗が当たり前となり、富栄える者はいくらでも豊かになるが、病気になったりして落伍したりすると、生き長らえることさえ難しくなる。

誰もが歳を取るが、働ける年齢を過ぎると蓄えを取り崩す人生となる。それだけに蓄えの乏しい人はびくびくしながら、余生の長さばかりを気にかけることとなる。

平均寿命は年々上昇しつつあり、白寿を超す人たちの数が鰻登りになりつつある。

こうした傾向を反映しながら医療費の補助額が年々急上昇しつつあり、いずれ財政はパンクする。その結果、保険での大幅な補てん制度はいずれ消えてなくなる。目下、一人あたりの年間の人工透析料は約５００万円だが、大部分は保険でcoverされている。その上胃瘻にはもっと費用がかかる。しかし、いずれこのような医者を儲けさせるための薬漬けの医療は大幅に縮小される。それだけに若い時から一生涯のあり方を考え、万全の健康管理を徹底させる必要がある。煙草をのんだり深酒をしたり、不規則な生活を繰り返していると、やがてbedに釘付けの老後となる。そうなれば自分自身が惨めな上に生活が行き詰まってしまい、子供や孫にまで迷惑をかけてしまう。

こうして考えると光り輝くばかりの未来が、あらゆる人たちすべてに恩恵を与えるものではないことがよく分かる。幸福になるためにはそれなりの努力が必要なのだ。

日本経済はこれからどう推移していくのか？

あらゆる国際機関の発表では、今年も来年も日本の経済成長率は先進諸国中最低であり、zero成長を若干上回る程度でしかない。しかもこのような状況が過去二十数年間も続いている。

しかもこの間GDPの2倍1000兆円もの財政資金を投入している。

それにもかかわらずEU28カ国の成長率の半分以下しか上げられないというのはただ事ではない。EUには問題を抱えているギリシャをはじめ東欧諸国や経済が不振な国がいくらでもいる。それにもかかわらず、日本の成長率は彼ら全体の平均数値の半分以下でしかなく今後とも浮上出来そうにない。消費税を僅かに2%だけ上げるのが無理な日本に対して、ヨーロッパ各国はすでに付加価値税を20%前後にまで引き上げている。

そうした財源の下で、あの小さな国のフィンランドでさえ、大学まで無料である。

その結果、どんなに貧しくとも頭さえよければ高等教育を受ける機会が国民すべてに均等に与えられているのだから素晴らしい限りであり、日本とは比べようもない。

わが国では「奨学金破綻」という言葉が氾濫しており、それに該当する人たちが大勢いる。生活保護受給者数が年々急増しジニ係数も高止まりしており、食にありつけない子供たちが6人に1人の割合で、volunteerの給食を受けているほどである。

安倍首相はしきりに「アベノミクス」の成果を吹聴するが、過去4年間にどれだけの成果があがったのか具体的に示せずにいる。彼らが挙げている失業率の低さは、実は非正規雇用やアルバイトその他の人間らしい生活が出来ない人たちをも就業者の中にcountした結果なのであり、本当は正社員だけを就労者扱いとし、それ以外を失業者とするのが本当の姿である。そうすれば四十数パーセントの失業率が示されるだろう。

我々は何時の間にか孫の時代の財源までをも食い潰してしまっている。しかも、借りた分を返そうとする努力すらしようとはしない。どう考えても出来ないからである。

経済を立て直せない安倍政府は原発の再稼働に舵を切り、更に40年稼働後に廃炉にする予定だった原発まで動かそうとしている。わが国の名だたる電機makerは次々に家電部門から手を引き、半導体に関する国際競争からも脱落してしまった。

だからこそシャープはホンハイに乗っ取られ、東芝は美的集団に家電部門を売り渡している。家電と半導体という最も大事な部門で撤収を余儀なくされた大手makerは、次々に大規模な人員整理を行って従業員数を大幅に圧縮すると同時に、競争力を失った部門を次々に売り渡している。そして矛先を海外のインフラ事業と原発輸出に切り替えており、政府も積極的に支援しつつある。このような荒療治を行った結果、やっと赤字が止まったが、その結果今後の発展が望めるかというと、そうはいかない。

今回のバングラデシュでの惨劇でも明らかなように、安倍政権になってから日本人ははっきりと「抹殺の対象」になった。だから海外でのインフラ拡充事業は文字通り暗礁に乗り上げる。つまり、危険を承知でインフラ事業を推し進めようとしたら、海外に出かけなければならない若者たちに引導を渡さねばならないが、それを拒否する人たちが続出するようになればこの事業そのものが成り立たなくなる。

太平洋戦争中、政府は赤紙1枚で全国から若者たちをかき集め戦場へと狩り出した。徴兵逃れをした若者たちに対しては山狩りまで行われ、家族までもが痛めつけられた。

これと同じようなことが今後businessという名の下で実施されかねない。しかし、軍部が生殺与奪の権限を持っていた時代とは違い、今では命令を拒否出来る。

ただしそうすれば解雇され、たちまち無収入へと追い込まれかねない。それでも今回の惨劇を目のあたりにしたら、危険な場所に出かけるという人は間違いなく少なくなる。

その結果、国内市場がどんどん先細っていく中で、海外進出に歯止めがかかれば、日本経済の先行きは今まで以上に厳しくなっていく。その上、世界最大の市場と言われ、ヨーロッパ各国が首脳陣主導の下で市場開拓に躍起となっている中国市場では、日本企業の立ち遅れが目立っている。中国の勝手気ままな領土拡大や海洋進出は許し難い暴挙であり、決して見逃すことも許すことも出来ない。しかし、それでもヨーロッパ各国はそれらの問題を棚上げにして、中国との友好関係を深めつつあり、何としてでも自国としての発展を図ろうと必死になっているのである。

これに対して安倍首相の態度は彼らとは全く異なり、米軍をbackにしてあくまでも対決姿勢を強め、中国と対等に渡り合おうとしている。その結果日中関係は抜き差しならない状態が続く。こう考えてくると、安倍首相の思うままに任せておいたら日本経済はますます浮上のキッカケを摑みにくくなりそうだ。それどころか安保法制が独り歩きするようになり、自衛隊の海外派兵から更に進んでは米軍と共に戦うような羽目に陥りかねない。そうなれば、安倍首相がヨルダンで胸をはって読み上げた「有志連合と一体となって断固戦い抜く」というappealから、今度はいよいよ「現実の戦闘行為」へとescalateし、terroristの反感と反発はますます激しくなる。

そうなると日本企業の世界での活動にはbrakeがかかる。その上、中国に対して今まで同様に敵対視政策を続けていれば、いずれこの最も大切な市場での十分なshare確保さえも夢と消える。

どうやらこうした暗い未来がはっきりと読みとれるようになってきた。つまり、安倍政権が末長く続く限り日本経済の先行きは尻すぼみとなり、浮上することはない。

その上に、世界で引き起こされる大規模地震の1割がこの日本列島で起きており、日本中のどこで大地震が起きても不思議ではない、そのような状況の中で原発を動かそうとしているだけに不安は増すばかりである。我々にとって何よりも重要なのは「国民の生命と財産を守ること」なのだが、いずれ訪れる巨大地震の結果、生命も財産も失われる地域が出てくるであろう。それは福島の事例からも明らかである。そのような情勢の中で川内原発阻止を訴える鹿児島県知事（三反園訓氏）が誕生した。これだけは今回の選挙での唯一の朗報であった。それにしても自民党に取って代わるだけの力量と声望のある受け皿政党が存在しないという現実は、なんとも悲しい限りである。

唯一頼みの綱である自動車産業の将来

戦後この方日本経済を強力に引っ張ってきたのは『自動車産業』と『電機産業』であった。ところが電機産業はすでに見てきた通り、国際競争場裏で敗退し、家電事業と半導体事業という二大事業分野で大規模な後退を余儀なくされた。その結果、由緒ある大手企業の事業が次々に台湾や韓国の企業に売り渡されつつある。その上に、頼みの綱的存在である「原発輸出」と「海外でのインフラ事業」を推進する面で急ブレーキがかかりつつある。つまり『文明の衝突』がいよいよ本格化するようになり、インフラ整備のために派遣される人たちが襲われる可能性が俄かに高まりだした。

もしもこうした事業を強力に推進しなければ日本の将来が成り立たないのであれば、安倍首相が従来とってきた態度を改めてもらわなければならない。つまり、もう一度日本は絶対平和主義に立ち戻り、日本周辺の海域での自衛以外の出兵を行わないということを世界に向けて発表し確約しなければならない。しかし、彼が首相に留まっている限りそんなことは出来そうもない。

ところで家電事業はともかく半導体事業で大規模な撤退を行ったことは大きな痛手であった。それはこの事業そのものの大きさと同時に、electronics部門と呼ばれるこの事業が日本の全産業を下から強力に支える重要な産業基盤だったからである。このelectronics産業という強力な基盤産業が後退せざるを得なくなったために、日本全体を支える産業は自動車産業のみとなり、日本は今後片肺飛行せざるを得なくなる。

ところが現在まで強力に展開し、世界の先頭を走り続けてきたこの産業には、今後第4次産業革命の荒波が押し寄せてくる。どうやら次世代には需要地組み立てが基本となりそうであり、flexibleな組み立てとそれに伴う短納期競争が本格化しそうである。

また、需要地立地に伴い現地の部品産業との密接な関係構築が極めて重要な業務になりそうである。この結果、今現在での大maker同士の競争上の優位関係は一旦ご破算にせざるを得ず、再編成した上での成果が改めて問われることになりそうである。

現在の日本経済は自動車産業によって大きく支えられている。もしもこの産業が弱かったら、まず間違いなくminus成長を余儀なくされ続けていたことであろう。

それだけにこれから20年後30年後の自動車産業のあり方が焦点となる。

この頃にはすでに自動運転車が話題の中心になっており、これに関する技術面でtop runnerになっているかどうかで、世界でのpositionが定まることとなる。

時まさに革新の時代であり、自動車をとりまくあらゆる産業界が、納入する素材の品質と軽量化ならびにそれら全部を総合した上でのcost面で、どれだけ優位なpositionを占められるかどうかも極めて大事な要素になっている。そうした諸々のfactorをひっくるめて日本車の国際的な位置づけが今後果たしてどうなるのか？　その一点に熱い視線が投げかけられている。

それと同時に自動車産業以外の全ての産業界での奮励努力がtotalとしての日本の力となるであろう。こうした幅広い視野の下で日本全体の活躍を期待すること大なるものがある。

産官学の連携を重視したアメリカ、軽視した日本

ところで目下アメリカでは、世界中で最も優れたsoftwareや機器をnetworkを活用して取り込むcloud serviceが一般化しており、大企業での導入率は70％であり、中小企業でも60％に達している。これに対して日本では大企業が30％、中小企業では20％と著しく低い。このように日本企業は世界的なIT boomの中で完全に出遅れており、ＩＴ活用によって新しい価値を創造するtypeの産業が見劣りする。

事業のservice化を通じて国際競争力を向上させるには、新規分野での研究開発に対する積極的な投資が欠かせない。このためには産官学の緊密な連携が不可欠なのだが、諸外国に比べると目を見開くほどの格差に愕然とする。大学こそは産官学の連携の下で初めて研究開発の成果をモノにすることが出来、その結果として膨大な特許収入を獲得することが出来る。アメリカと日本の主要5大学の２０１４年の特許収入を列記して比較すると次の通り。

アメリカ

1位：ノースウエスタン大学……397億円
2位：ニューヨーク大学…………237億円
3位：コロンビア大学……………192億円
4位：プリンストン大学…………157億円
5位：カリフォルニア大学………126億円

日本

1位：京都大学…………3億5700万円
2位：東京大学…………3億4100万円
3位：大阪大学…………1億3800万円
4位：慶應義塾大学……1億3700万円
5位：東北大学…………8400万円

（資料）アメリカはOECDの研究開発報告書より。日本は総務省の科学技術研究調査報告書より。

産官学の成果がこの数値に如実に現れている。アメリカの大学の特許収入は日本の大学の凡そ100倍だが、この圧倒的な格差が企業での製品開発やものづくりの改良にそのまま投影されることとなる。産業力を高め世界に雄飛するためには「官と産での旺盛な研究開発」と共に「大学における研究発力」も大きな力になっている。わが国では政府も産業界も学界も『産官学』という掛け声をしきりにかけているが、日米におけるその実態は上の数値に歴然と現れている。

この違いこそが今日の日米間、ならびに諸外国と日本との差を生み出しているが、このような哀れな実態を克服出来なければ、これから先ますます日本産業界の国際的地位は低下するばかりとなるであろう。

今更言うまでもなく、大学と官での『基礎研究』の幅の広さと奥行きの深さとが一国の産業力の基盤となる。この基礎研究の成果を活用することによって、産業界における『応用研究』が花開くこととなる。政府はそうした仕組みを十分に理解した上で大学の基礎研究のための支援を充実させなければならない。

日本が大発展した50年代、60年代、70年代には、ただひたすら海外企業の優秀な技術を導入するだけで充分であった。しかし、日本がcatch upした段階になると事情は一変することとなった。

日本が大発展した時代と停滞した時代との決定的な違い

戦後決定的に立ち遅れていた日本の産業界を見る世界の目は優しく、復興に協力するという気風が漲っていた。そのために惜しみなく最新の技術を供与してくれた。

しかし、1980年代までに大躍進をとげたドイツと日本の産業界を見る目は極めて厳しくなった。この時代を一つの区切りとして、技術導入には急ブレーキがかけられるようになった。その結果日本の産業界は、独自の力で最先端の技術を開発することによって、国際競争を乗り切らざるを得なくなったのである。つまり、最先端技術を導入しさえすれば事が足りていた時代から、独自に開発しなければならなくなってしまうと、蓄積された基礎技術、基盤となるtechnologyが必須条件となる。

ところが現時点での日米の大学における基礎研究の蓄積量は1対100もの違いがあり、この壁は容易に乗り越えられない。新製品開発に直接結び付く『産業界での応用技術開発』は『幅広く奥行きの深い基礎技術開発』の上に花開くが、それだけの基盤が整っていないと、欧米先進諸国とはまともに太刀打ちすることが出来ない。

日本の企業がshrinkしており、一向に目覚ましい活躍が出来ないのはそのためである。超高成長時代に日本の産業界を引っ張っていたのは電機産業と自動車産業であった。この内の自動車産業は幸いにして現在に至るまで、既存の経営方式では通用しないような類いの技術革新が行われていなかったために、世界的に他の有力企業と拮抗するだけの地位を保つことが出来た。

その結果、例えばトヨタはいよいよ現実化すると思われる自動運転に関して、AIとRobot

関連の先端企業を傘下に収めつつあり、独自の力で新時代の突破口を切り開こうとしている。その一方で二大leading産業のもう一つのelectronics産業に関しては、どうやら勝負がつきつつあるように見受けられる。この方面に特化して研究を進めておられる学習院大学の乾教授と専修大学の金教授の共同研究によって導き出された『比較優位指数』（ＲＣＡ）を見ると、日本の電機産業のＲＣＡは、２０００年の１・６から２０１４年には１・１まで下がり、比較優位の度合いが低下しているという。その一方で韓国と中国はそれぞれ同期間に１・７から１・８へ、１・２から１・９へと比較優位の度合いを高めているという。

（注）ＲＣＡとは、ある産業の輸出額が世界全体の当該産業の輸出額に占める割合と、その産業の輸出額が国全体の輸出額に占める割合の対比である。

つまり、この間に日韓中間の競争優位については勝負がついてしまったということである。

日本経済の先行きには深刻な不安がつきまとっている

その後両教授は様々な解析を加えているが、結論としては「日本企業は世界的なＩＴブームの中で遅れを取り、特にＩＴ活用により新しい価値を生み出すはずの産業で取り残された」としている。その上で「事業のservice化を通じて国際競争力を向上させるには、新規分野での研究開発への大胆な投資と積極的なsystem導入が欠かせない」と指摘している。しかし、産業界が「新規分野での研究開発」にむけて大胆な投資を行うための大前提は豊富な基礎研究の存在なのであり、この分野が貧弱ならば大胆な投資を行おうとしても無理がある。

多くの企業が事実上shrinkしたままなのは、今までに構築してきた日本での研究開発の基盤が貧弱なまま放置されてきたことに原因がある。日本の大学のtopに京都大学が挙げられているが、この大学が東大を追い抜いたのはひとえにiPS細胞のお陰であった。わが国でもてはやされ、世界的に大きく取り上げられたこの成果が突出しているのは、これだけの成果が極めて稀であったためだ。

しかし、アメリカでは医学界にかかわらず他の産業界でも雲霞のような研究成果が勢揃いしており、一部の成果だけが取りざたされることがないくらいに、研究成果が豊富であり、この成果が産業界によって応用開発へと繋げられているのである。

日本の殆どすべての企業は積極的な研究開発を怠り、その結果として設備投資にしり込みしつつあり、専ら内部留保に努めている。

つまり、かつてのように果敢に攻める気持ちを失っている。そうした精神の当然の帰結としてただひたすら内部留保を積み増し、競争力を維持するために非正規社員の比率を高めている。要するに、専ら守りの態勢を固めることによって経営責任を免れようとしているのである。

そのような風潮の中でアベノミクスが如何に放漫金融にのめり込み、財政支出によって需要を喚起しようとしても、経済は一向に上向かない。その結果、これから先2年半経っても2％の増税には踏み切れないであろう。

安倍首相は口先では「2020年前後にGDPを600兆円にする」と豪語しているが、その本人ですらそんなことが実現するとは露程も思ってはおらず、「横ばいの経済を立て直すのは無理だ」と思い込んでいるに違いない。だからこそ、彼は任期中での増税から逃げ出したのである。彼にとってはそんなことはどうでも良く、ただ任期中に憲法を改正した上で日本を「積極的に戦える国にしたい」という念願の実現に躍起となっている。しかし、こんな出鱈目な経済運営を繰り返していたら、いずれ間違いなく財政は破綻する。「老後破産」とか「奨学金破綻」とかのphraseが飛び交うようになったが、今のような政治を続けている限り、国民全員をも巻き込む「国家破綻」が現実のものとなりかねない。そのような物凄い状況へと近づきつつあることを忘れてはならない。

第4次産業革命の乗り切り方で日本の運命が決まる

ＩＴ先進国であるドイツとアメリカは共に、第４次産業革命へ向けて首脳が先頭に立ち、産業界がこぞって猛進しつつある。この運動の核心はＩＴのfull活用であり、その上に最先端のＡＩとRobotが加わることとなる。full活用されるのは各国それぞれに蓄積された「膨大なbig data」であり、それらをmachine larningやdeap leaningで瞬時に解析しながら生産効率を極限まで高めることとなる。

また製造現場の装置や機器類にtagが装着され、これらを相互通信させることによって製造現場から次々と単純労働が排除されていくこととなる。

つまり、第４次産業革命とは「ものづくり面での徹底した省力化」であり、その成功を通じて先進諸国が新興諸国と対等に競争出来るようにしようという「意欲的な産業革命」なのである。

従来は出来る限り労賃の安い地域に工場を移して低costを実現させようとしてきたが、第４次産業革命では単純労働が機械と置き換えられることとなる。つまり、製造に直接携わる

memberは優秀な人たちに限定されることとなり、その結果先進諸国でも低コストでものづくりが出来るようになる。この仕組みを完成しさえすれば、諸外国間の労賃の格差が競争力の決め手の一つから外されてしまうこととなる。

日本はかつて「ものづくり」面で世界最高水準を実現させ、その後もその方式の「中小企業への浸透」と「アナログ的な改善策」を講じてきたが、世界は今や「digital的な飛躍的改善策」へと大きく舵を切りだした。日本がこの理想的な第4次産業革命のknow-howを逸早く取り入れた上で、世界各国と真っ向勝負しようとするならば、ドイツやアメリカと同等程度ないしそれ以上のspeedで進めていく必要がある。

しかし、この場合においても「膨大な基礎研究の蓄積量の差」が想像以上に重大な影響を及ぼすこととなると想定されるだけに、一抹の不安が残らざるを得ない。

『第4次産業革命の本格化』は2030年前後であると言われているが、その一方で『自動運転の全面解禁』もその頃からではないかと推測されている。そうなると、目下自動車産業を先頭に立てながら世界的な競争をしつつある日本にとって、これから先の十数年間は極めて大事な期間である。この期間を無事に乗り切った上で更に一層進歩し得るかどうかによって、日本の運命がはっきりと定まることとなる。

つまりこれから十数年間という極めて短い期間内に『世界における優勝劣敗の姿』がガラリと変わることとなる。この戦いに勝ちさえすれば輝かしい未来の幕が切って落とされるが、負ければ悲惨な運命が待ち受ける。我々は目下そのような重大な岐路に立たされているのだということを、十分に認識する必要がある。

おわり

主な参考資料

(1)『まるわかりインダストリー4・0（第4次産業革命）』日経ビジネス編　日経BP社
(2)『IOTは日本企業への警告である（24時間「機械に監視される時代」のビジネスの条件）』齋藤ウィリアム浩幸　ダイヤモンド社
(3)『IOT（ビジネスモデル革命）』小林啓倫　朝日新聞出版
(4)『Business Model 2025』長沼博之　ソシム
(5)「IOTで何が変わるか？」『ダイヤモンド・ハーバード・ビジネス・レビュー別冊（IOTの競争優位）』村井純他　ダイヤモンド社
(6)『インダストリー4・0の衝撃』洋泉社MOOK　洋泉社
(7)『日本型インダストリー4・0』長島聡　日本経済新聞出版社
(8)『2030年のIOT』桑津浩太郎　東洋経済新報社
(9)『決定版　インダストリー4・0（第4次産業革命の全貌）』尾木蔵人　東洋経済新報社
(10)『デジタルビジネストレンド』日経コンピュータ　日経BP社
(11)『ロボットの脅威（人の仕事がなくなる日）』Martin Ford著　松本剛史訳　日本経済新聞出版社

⑿『ＡＩの衝撃（人工知能は人類の敵か）』小林雅一　講談社現代新書
⒀『オープン＆クローズ戦略（日本企業再興の条件）』小川紘一　翔泳社
⒁『インテル（世界で最も重要な会社の産業史）』マイケル・マローン著　土方奈美訳　文藝春秋
⒂『人工知能は人間を越えるか（ディープラーニングの先にあるもの）』松尾豊　㈱ＫＡＤＯＫＡＷＡ
⒃『アップル、グーグルが自動車産業を乗っとる日』桃田健史　洋泉社
⒄『人工知能と経済の未来（２０３０年雇用大崩壊）』井上智洋　文藝春秋
⒅『世界経済大乱』滝田洋一　日本経済新聞出版社
⒆『ＩＯＴで激変するクルマの未来』桃田健史　洋泉社

［筆者が出版した書籍］

⑴『大世紀末の地殻変動』　実業之日本社　１９９４年
⑵『これからどうなる日本の製造業』　ダイヤモンド社　１９９４年
⑶『大変な時代に克つ会社』　光文社　１９９８年

(4)『日本の進むべき道』　オートメレビュー社　2010年
(5)『国家戦略』　オートメレビュー社　2012年
(6)『日本の基幹産業』　オートメレビュー社　2013年
(7)『明日の世界をどう生きる』　㈱オーエム　2014年
(8)『祖国の未来に想いをはせる』　オートメレビュー社　2015年
(9)『憲法改悪を阻止しよう!』　東京図書出版　2016年
(10)『トランプ後の世界』　東京図書出版　2016年

執筆から出版までの経緯

本書を短期間に書き上げた裏には、後に掲げる方々の存在があった。

その内のお一人、石井暁彦さんは、江戸川区で開業されている皮膚科の院長先生であり、ご令室の明子さんも同じ江戸川区の別の場所で開業されている院長先生である。

筆者は生まれつき心身ともに快調そのものであり、1年前までは完全なmedicine freeであった。ところが湿疹が出始め、どこの皮膚科にかかっても良くならなかった。

特に目の縁にできた湿疹のためにすぐに涙目になり、執筆活動が思うように捗らなかった。ところが、両院長先生は小職の症状を実地に確かめられた上で、3種類の塗り薬と漢方薬を処方された。その結果、悩みはあっと言う間に吹き飛び、1日8時間の連続執筆が復活した。その上に身に余るお褒めの言葉まで投げかけられ、褒められた段階まで引き上げる契機を作って下さった。両先生は筆者より30歳以上もお若いが、医学面で素晴らしい業績を残しておられる上に、魅力に溢れている。

『これ程迄の大先生お2人』が同じマンションの同じ階におられると思うだけで心が休まり、

湿疹はあっと言う間にどこかへ吹き飛んでしまう。「病は気から」というが、信頼度が極限にまで高まれば、病など簡単に吹き飛んでしまうものらしい。

また、高橋保さんは源興産株式会社の社長さんだが、人並み外れた馬力の持ち主である。

この人ほど物事の核心を捉えた上で実現に向かって邁進し、目的を成就させる素晴らしいbusiness manはまだお目にかかったことがない。彼もまた、筆者の様々な執筆記録を一つ一つ丹念に目を通され、幾度となく温かいエールを送ってくださった。

「猿もおだてりゃ天にも登る」とのことだが、このような方々に持ち上げられたら天空にでも飛び出したくなる。本書の執筆をspeedyに完成させられたのは、これらの方々はじめその他大勢の方々のご支援とご鞭撻の賜物であり、感謝に堪えない。

また東京図書出版は出版不況の最中にもかかわらず、拙著を高く評価賜り、その上に出版までの期間を出来得る限り短縮して頂いた。その点に関して、編集次長の本田利香様はじめ同社の関係者各位に深く御礼申し上げたい。この方々のご期待に応えるためにも、十分な販売成績を残すことが新たな課題となっている。

読者の皆様方へ

本文中にも触れさせて頂きましたが、84歳になった今もなお「長生きしている」とは少しも思っていません。なにしろ皮膚科で薬を調合して頂くまでは完全なmedicine freeであり、調子が悪いことも気分が落ち込むことも全くないままに、今まで過ごして参りました。従って、人生の最終局面にさしかかったという意識は全くありません。もうこの年頃にまでなりますと、死亡欄には「老衰」と書かれることがありますが、運動すらせず自堕落に生きていたら70歳代でも老衰になってしまうでしょう。

だからこそ心身は徹底的に鍛え続けなければなりません。人は誰しも60歳前後で一応の区切りを迎えます。それまでは忙しく立ち回るためになんとか頭も体も順調に回っています。しかし、定年になり家でのんびりするようになると、その時点から己自身を徹底的に鍛える人とそうでない人との間には差が生まれます。その結果、60歳以降になりますと約7割の人たちが徐々に衰退し始め、約2割の人たちがなんとか横ばいとなり、残りの1割の人だけが上昇曲線を辿ることになるようです。

心身共に理想的な健康状態を保つことが出来れば、思いもかけない程の様々な幸せが訪れてきます。世界中どこへでも出かけられますし、気軽になんでもこなせます。

したいことも次から次に出来ます。その上に長い期間の出来事や楽しかった経験を思い起こすこともしばしばとなり、若い人たちにも貴重な体験を語れます。

また、執筆の際にも貴重な体験が裏打ちしてくれるので、本当に助かります。

ところで幼い時に父親をなくしましたために、母親が大変に苦労しました。

それを見ていただけに結婚はすまいと心に誓いました。なぜならもしも若死にしたら、妻になる人に母親みたいな辛い思いをさせなければならないと思ったからでした。

しかし、若気の至りで結婚してしまいました。そうなると、なんとしてでも長生きしなければならないと心に誓いました。そのため、病気の保険には入りませんでした。

入ったら、健康のために努力することを怠るに違いないと思ったからでした。

ただし、がん保険だけは入りました。これだけは避けようがないからでした。

60歳からは毎週3回1㎞を背泳で泳ぎ抜くことと、腹筋、背筋各50回ならびに2日間に8000歩の歩きを日課の中に組み入れました。爾来二十数年間、一度も休むことなく励行し続けました。この結果、現在の自分があるのだと思っています。

「歳を取ると身体が弱り頭脳が衰える」という考え方は完全な迷信です。実際には決してそうはならず、記憶力も気力も意欲もなにもかもが右肩あがりのまま推移していきます。

つまり、人間の体は使えば使うほど能力も効果も高まります。ただし、そのためには若い頃から一生涯の計画を立てた上で、着実に実行し続ける必要があります。

本書をお届けするに際して、ぜひともこうした体験と基本的な考え方を皆様にお伝えしたいと思いましたので、あえて付け加えさせて頂いた次第です。

最近は若い人たちから『戦争と平和』についてよく聞かれるようになりました。

また、戦争当時の辛い経験を聞かせてほしいとも言われています。そのために、本書に引き続き『憲法改悪を阻止しよう！』と題する本の執筆を完成させました。

84年間生きて来た軌跡を余すところなく皆様方に開示し、ご参考に致したいと念願しているのです。わが国はアメリカから平和憲法を提供された結果、70年以上にわたって平和を享受出来ました。日本人が寄り集まって憲法を作っていたら、こんな理想的な憲法など生まれなかったでしょう。米国憲法をもしのぐだけの素晴らしい憲法が出来たのは、日本を占領していたアメリカ人たちが理想に燃えており、平和を守るような国になってほしいと念願したからでした。この憲法を守り抜くことにすれば、アメリカから戦争への協力を押し付けられません。なぜならアメリカ人に対して「あなた方が我々のために作ってくれた憲法を我々が守るのは当然でしょう」と言い返すことが出来るからです。

これから先も皆様方と共に、平和で楽しく素晴らしい毎日を過ごしましょう。

そのためには日本の政治がまともになり、全ての人たちが何不自由なく過ごせるような社会にしてくれなくてはなりません。私ども全員で理想を実現出来るような政治家たちを選ぶ努力をしましょう。

どうぞお健やかにお過ごしください。

天王洲アイルの運河を見おろしながら

（注）もしもあなたが本書に共鳴されたら、是非同時に出版される『憲法改悪を阻止しよう！』をご購読下さい。その中には今まで報道されなかった様々な事例が紹介されています。
また憲法を守ることの大切さをご認識して頂けます。

追記

ゲラの見直しを終えた10月20日以降わずか旬日も経ないうちに、世界中から時代の変革を告げる新しい情報が相次いだ。本書の中で筆者は**「現在こそが大変革の結節点に他ならず、これから時代は間違いなくdynamicに変化していく」**と、予言した。

世の中がガラリと変わってしまうまでには少なくとも20年くらいはかかるだろうが、そのような将来に向けて大きな変化が起きるのは、精々5年毎くらいだろうと思っていた。

しかし実際にはこの10日間だけでも、目にも止まらぬ速さで世界は動きつつある。

その1　KKR（コールバック・クラビス・ロバーツ）によるCK（カルソニックカンセイ）の買収

米投資ファンドのKKRはCK株に対してTOBを実施し、日産の持ち分である41％を含めた全株式の取得を目指している。これを容認した日産の心の内は次の通りと推察される。

(1)　CKが日産内に留まっている限り、売上の80％強が日産向けに限定され、その他への拡販は難しい。しかし、CKを全面的に開放してやれば、日産以外の多くの顧客への道を開くことが出来、世界企業へと発展する可能性が開けてくる。

(2) その一方で日産・ルノー・三菱連合軍自身も、これを機会に既存のグループ各社への拘りを捨て去り、世界中で最も優れたmodule採用へと大きく舵を切ることが出来る。

つまり世界の現状は、従来の枠組みが崩れ去ってしまう段階に来ているのである。

(3) 得られた資金はすべて次世代技術の開発に投入することとする。その一部は自社の技術開発に、残りは名だたる企業の買収資金に活用されることになろう。

（注）なお、KKRは米の投資ファンドであるが、今回の買収劇には同じ米投資ファンドのベインキャピタルやMBKパートナーズも参加していた。この事実は、世界中の大規模部品makerが今後大々的に変身しながら、大発展する可能性があることを多くの投資ファンドが読み取った上で、有望な投資対象を探したということを、はっきり示している。

日本自動車産業の従来の強さの枠組みは変容を迫られる

今まで幾度となく指摘してきたように、日本の中で目下業種的に最も強いのは自動車産業であり、この業種が稼ぎ出す利益がGDPを大きく支え、それがもたらす貿易黒字が国際収支を改善させてきた。

しかし、これからは従来の体制がそのまま温存されることはなくなる。ガソリン車が中心の時代では、鋼材の質の良否が極めて重要な要素であり、そのために製鉄企業との共同開発が重視されてきた。

また1次、2次、3次等々の下請けが整然とpyramidを形作っており、最終組立makerと1次下請け間では共同開発が盛んに行われていた。これら企業間を行き来するguest engineerの存在が両者の緊密な関係を象徴的に表していた。つまり、こうした相互関係が日本自動車産業の強みでもあった。

ところがガソリンエンジン車からEVへと変化するに伴い、求められる材質が大きく異なってきたと同時に、部品の点数がガソリン車の3万点前後から、EVに至ってはその数分の1にまで激減するようになった。

また1次下請けは、主要な用途別に部品を取りまとめてmodule化し、compactかつ機能的な性能を誇示するようになった。最終組立makerは提示されたmoduleの性能に注目した上で、諸外国の1次下請け業者と取引するようになった結果、従来のhierarchyが徐々に崩れ始めつつある。そうした動きにつれて2次や3次以降の下請け相互間の関係にも微妙な変化が生じ始めるようになったのである。

ただし、こうした動きは急速に進みはせずに、徐々に展開していくものと想定されていた。しかし、今回の「日産とCKとの関係解消」というあまりにも急テンポな情勢の変化を受けて、こうした動きが今後急速に加速されるのではないかと想定されるまでになった。また今後の情勢変化を先取りしつつ、主要国のファンドが有力1次下請けの争奪戦を仕掛けており、彼らの動きが注目されるようになった。

本書の中でもこうした動きに着目していたが、どうやら著者の想定を大きく上回るspeedで事態が展開していきそうな気配が濃厚になりつつある。そうなってくると、各国間における従来の最終組立makerの競争力は間違いなく変わることとなる。このような情勢を受けて、日本独特の強さは次第に解消せざるを得なくなりつつあり、新たな枠組みの下でのchallengeが必要となってきた。

その2　米半導体大手クアルコムによるNXPの買収

２０１６年10月28日、米クアルコムがオランダの同業大手のNXPセミコンダクターを約4・9兆円で買収すると発表した。NXPは電機大手のフィリップスの半導体部門が独立して出来た企業であり、２０１５年には旧モトローラの米同業フリースケール・セミコンダクターを買収することによって、車載半導体分野に関しては世界一となった。

同社はエンジンなどの動きを制御するマイコン製品も幅広く扱っている。スマホ向けCPU（中央演算処理装置）と通信用半導体で有力なクアルコムは、この買収によってdata処理と長近距離通信、engine駆動制御などの自動運転に必要な半導体をすべて手中に収める。

この結果、car makerに対してあらゆる半導体を、総合的に提示出来るようになる。

クアルコムがNXPを吸収すれば売上高は一挙に3・6兆円となり、cost削減効果は500億円を遥かに超える。また市場別のshareについては、「携帯端末」は現状の61％から48％へ、「自動車やIOT向け」は8％から一挙に29％へと大幅に増えることとなる。

買収金額の4・9兆円は半導体業界では過去最大規模であり、第2位は米アバコ・テクノロジーが米ブロードコムを買収した際の3・8兆円、第3位はソフトバンクによる英アーム・ホールディングスの買収（3・3兆円）である。ここでも明らかなように、今後は自動車向けの車載用半導体ならびにそれを内蔵した機器が爆発的に増え、この分野に向けての合従連衡の動きが盛んになる。こうした状況の中で、ルネサスや東芝がcasting voteを握られるとは考えられず、世界のshare9・3％のルネサスはtake overされかねない。もしもこの2社が外国勢に吸収されてしまえば、日本のcar makerその他の企業がこの市場に参入する際のneckになるであろう。高性能半導体はＩＴやRobotと共に次世代産業発展のための重要なfactorであるだけに心配はつきない。

その3　テスラモーターズ（ＴＭ）の収益急向上

米のＥＶmaker、ＴＭは、２０１６年７〜９月期最終決算がplus２３５０億円、売上高利益率＝27・７％と発表した。これは量産効果と共に単価が高いＳＵＶのmodel-Xの比率が上がったことによるものである。ちなみに前年同期は２４０億円の赤字であった。

赤字の原因は①量産modelの開発、②蓄電池を製造する巨大工場の建設などがたまたま重なったからであった。しかし、同社はこのような積極的な投資による負担を無事に乗り越え、3年半かけて黒字を実現したのだから、立派と言う他ない。

２０１６年７〜９月期の売上高は前年同期比の２・５倍であり、生産台数は目標としていた年間10万台を超えた。同社では２０１８年に年産50万台という目標を掲げているが、これも実現する可能性が高い。同社は次々にＩＴ関連で有名な大手各社と連携しつつあり、今後とも「ＥＶ業界の台風の目」であり続けることであろう。

その4　地球狭しと走り回るソフトバンクの孫社長

孫正義という男は絶えず20年先を読みながら、自身の夢を実現させるために大投資を行っている。彼は2012年「英アーム」を横目で睨みながら、同業他社の「米スプリント」を買収した。これこそはアーム買収のための一里塚であった。

当時、パソコンのCPUはインテルが制していたが、携帯電話やスマホの9割以上にはアームが設計した中核回路が搭載されていた。アームはfablessに徹し、最終製品の性能を決定づける回路設計だけを追いかけてきた。

同社は巨額投資が必要となる工場建設を避けていたために、過剰生産による値崩れによる被害を受けることはなかった。この結果、売上高利益率は常時40％にも達していた。

アームは2年先3年先はおろか、5年先～10年先までをも見通していた。

孫正義はこのアームの予見力の素晴らしさに魅せられた。彼はアームを手に入れさえすれば将来を予見することすら可能となり、未来構図にピタリと照準を合わせて投資すれば、未来の王者にもなれると考えていたのである。しかしながら、アームを追いかけている有力な会社が世界中にまだ2社もあるのに、巨大投資先をアーム1社に絞り込んだ上で3・3兆円もの大金を投ずるという行為には、合点が行かなかった。これこそ一か八かの賭けにしか過ぎないのではないかと思っていた。

しかし彼はアームを買収した後、サウジアラビア王までをも巻き込み、自社に倍する巨費を投じさせ、総額10兆円にも上る開発資金を整えることに成功した。

それだけの立派な将来体制を見せつけながら、世界中の名だたるＩＴ企業までをも自社group に参加させようと懸命に呼びかけている。彼の要請を受けて、多くの企業が目下真剣に協議しつつあるというからさすがだと感心せざるを得ない。その姿を見るに及んで、「この男の夢は叶うかも知れない」と思わせられるようになった。

彼はこれから先20年間に世の中がひっくり返る程の革命的な変化が起きると確信しており、そこに己の夢の照準をピタリと合わせている。そのためにはどんな手でも使い、幾らでも大金を投じようと身構えており、素晴らしい限りである。

果たして現実に彼の夢がかなうのかどうか？　それについてはまだなんとも言えないが、兎にも角にもこれから先の20年間は、我々の誰もが想像だに出来ないほどの大きな変革が起きることだけは間違いないであろう。そこに至る過程では、①世界の将来に対する的確な読み、②類い稀なるinnovation とそれに基づく新製品化、③経営力、④即断即決をkey factor としたspeed 経営が強く求められている。

落ち目のこの国の中でどう生き抜くべきか？

本書の中では、二十数年前に筆者が予見した未来とそこに照準を合わせた己の生き方を示した。「日本経済はこの先停滞したまま立ち直れない」。つまり「失われる10年、20年が再び確実にやってくる」。そう予見したために、己の貴重な財産はそっくり地球上の発展する地域に移した。

もしもそうせず、資金をこの国の中で運用していたら、恐らく今頃は老齢破綻状態に陥っていたことであろう。

今後の日本は、今までの二十数年間以上に沈滞する可能性が極めて濃厚である。このため孫たちをどう教育すべきか？　様々な思いで頭の休む暇とてない。そのような状況の中で、20年後の世界を思い描き、その中での日本の行く末を注視してきた。

ただし予見よりももっと凄かったのは、この10日間の現実の動きの速さであった。原稿を書き上げてから僅か10日の間に、実に様々な出来事が最新情報として飛び込んできた。この勢いが今後とも続けば、これから先世界中の変化のspeedは増していくことであろう。そのような中で、この国の中では様々な事件が頻発しつつある。

シャープは誤った大投資の結果破綻寸前となり、ホンハイに吸収されてしまった。

東芝は業績悪化を粉飾決算によって逃げ切ろうとして行き詰まり、事業がバラバラに分解されながら、有望事業を次々に身売りしつつある。電通では社員に重圧をかけながら、なんとか業績を上向かせようとして、若くて美しい女性社員の命までをも奪っている。

関西電力は40年という寿命を過ぎた原発までをも動かそうとして、担当の課長に関係先への説得を厳命し、出来ない相談に行き詰まった社員は自ら命を絶たざるを得なかった。

衰退しつつある国における多くの落ち目の会社では、なにごとも後ろ向きになる。

負け戦に繋がる投資は出来る限り控えることとし、専ら内部留保に汲々としている。

利益ねん出のために非正規社員数を増やした上で、正規社員に過重な業務を割り当てながら給与は逆に減らしている。つまり、何から何までを逆さまに回しているのである。

そのような状況の中で貧富の差はますます拡大しつつあり、庶民は泣かされ続けている。

一国が衰退への道をひた走り続けつつある中で、末端に位置する人間がこの動きを止めようと思ってみても、所詮どうにかなるものではない。

下り坂を滑り落ちつつあるこの国の中で、どんなにあがいてみても決して趨勢に逆らうことなど出来はしない。だからこそ英知を働かせて、一体自分自身をどのようにmanageすれば良いのか？　また、資金運用についても、世界の中で着実に資金を増やしてくれる地域へ投下しなければならない。要はこの国の現実を厳しく見つめ直し、今後の行く末を見通し、その上で自らをどう処すべきかが極めて重要なのである。

本書がそうした面で少しでもお役に立ってくれることを心から願っている。

以上

白岩　禮三（しらいわ　れいぞう）

九州大学大学院経済学研究科を経て神戸製鋼所に入社し定年まで勤務。５年間のヨーロッパ駐在をも含め、今までに訪問した国は100カ国にのぼる。その上に主要国のdata baseから常時情報を入手しており、世界各国の事情を絶えず追い求めている。定年後は東京理科大学の先端技術講座を履修後、信州大学経済学部の講師となり、産業構造論と国際比較論を担当。60歳以降は専らleading産業であるelectronics産業と自動車産業に特化しながら世界の動向を見守ってきた。23年前には日本科学技術振興協会を母体として「自動車産業将来像研究委員会」を立ち上げたが、この会合はその後も母体とleaderをかえながら、今もなお存在し毎月の活動を続けている。またelectronics産業の関連新聞であるオートメレビュー新聞の社説を19年間にわたり連続執筆すると同時に、日本電気制御機器工業会の月報にも毎回記事を載せた。その上更に全国電子部品連合会の会報にも12年間にわたって連続執筆を続けた。この間、両業界の権威者から懇切丁寧な教えを受け、両業界の事情に明るくなった。

[筆者の著述活動]

1994年から1995年にかけては**『大世紀末の地殻変動』**（実業之日本社）**『これからどうなる日本の製造業』**（ダイヤモンド社）**『大変な時代に克つ会社』**（光文社）を相次いで出版、その後の「日本経済大停滞の時代」を大胆にも予言した。この時代にこれだけ思い切った予言を行い、見事に的中させることの出来た唯一人の経済評論家である。そして今回再び、これから先20年間の世の中の姿を描き出すこととした。つまり、現在は次の新しい時代への「結節点」であり、かつ「過渡期」なのであり、我々は来るべき新時代に積極的に対応しなければならないと説いているのである。筆者の日本経済に対する見方考え方は極めて厳しいが、読者諸氏は独自の見解を持つ必要があると考えており、本書の中にはそのための材料を豊富に用意している。「それらを使ってどうぞご自分なりのまとめを行って頂きたい」というのが筆者の心からなる願いであり、かつ熱い思いである。

TTS新書

トランプ後の世界

2016年12月23日　初版発行

著　者　白岩禮三
発行者　中田典昭
発行所　東京図書出版
発売元　株式会社 リフレ出版
〒113-0021　東京都文京区本駒込 3-10-4
電話 (03)3823-9171　FAX 0120-41-8080
印　刷　株式会社 ブレイン

ISBN978-4-86641-024-1 C0233
Printed in Japan 2016
落丁・乱丁はお取替えいたします。

ご意見、ご感想をお寄せ下さい。

［宛先］〒113-0021　東京都文京区本駒込 3-10-4
東京図書出版